내일이면 산벚꽃 환해지겠다

오미옥 시집

전망시인선 010 내일이면 산벚꽃 환해지겠다

1판 1쇄 펴낸날 2023년 12월 26일

지은이 오미옥
펴낸이 서정원
펴낸곳 도서출판 전망
주소 48931 부산광역시 중구 해관로 55(201호)
전화 051) 466-2006
팩스 051) 441-4445
이메일 w441@chol.com
출판등록 제1992-000005호
ⓒ오미옥 KOREA

ISBN 978-89-7973-619-9
값 10,000원

* 저자와의 협의에 의해 인지를 생략합니다.
* 이 책 내용의 전부 또는 일부를 재사용하시려면 저작권자와 도서출판 전망 양측의 동의를 받아야 합니다.

* 이 책은 전라남도, (재)전라남도문화재단의 후원을 받아 발간되었습니다.

시인의 말

돌아보면
삶의 지나온 자리마다 꽃이 피었다

환하게 피고 지는 생의 통증들
가끔은 오지 않은 내일을 울기도 했다

내 삶의 노래가 되는
시 한 편 쓸 수 있다면

그리하여
시를 쓰는 일이
내 온전한 슬픔이 된다 해도
외롭지 않으리

2023년 늦가을에

차례

시인의 말　005

제1부

봄비　011
소리를 줍다　012
새들의 우울　014
붉은 숲　016
너를 생각하는 날들　017
시간의 뿌리　018
천둥소리 하나쯤　020
시인의 별나무　022
안과 밖　024
한 마리 물고기가 되어　026
풋사과의 시간　027
질경이가 돋아난 산길을 걸으며　028
내가 너의 씨앗일 수 있다면　030
동백꽃 피는 어머니　032
소금쟁이　034

제2부

가을무 037

메꽃, 질긴 사랑 038

숨죽여 부르던 이름들 040

숨어 우는 달 041

네 생을 기웃거리며 042

나의 포장법 044

큰절 046

메주 쑤던 날의 추억 048

쥐똥나무가 있던 울타리에서 050

내 삶의 노래 052

꽃싸움을 했다 054

때죽나무 꽃이 피었다 056

아주 오래전의 봄 058

아득한 가뭄 060

누군가 나를 읽고 있다 062

제3부

꽃잎의 주소	065
상강	066
나는 장돌뱅이 13살 순이였다	068
가을	071
새들을 위한 농사법	072
당신을 사유하는 일	074
이런 사랑	076
회혼回婚	078
아직 묻지 못한 말	080
통점	082
소리없는 통곡	084
달맞이꽃	086
가을 택배	088
통증들	090
작은 연두	092

제4부

안부를 묻다	095
울음소리	096
그녀는 스물셋이었다	098
개화	100
저 노란 은행잎들	102
비설泌說	103
마지막 편지	104
잃어버린 마을	106
선어부비취善漁夫非取	108
레퀴엠 10.29	109
1980년 그 이후	110
정방폭포에서	112
사월의 시	113
소나무를 알고 있다	114
그동안	115

해설 서사의 변주와 확장 _황선열(문학평론가)   116

<일러두기>

* 본문에서 >는 '단락 공백 표시'로 한 연이 새로 시작된다는 표시입니다.

제1부

봄비

봄이 흐른다

당신이 앉은 둘레를 가만가만 돌며

스며드는 어떤 웃음 같은

연둣빛 버들잎을

톡, 톡 두드리고 가는 음색들

오랫동안 바이러스에 갇힌 우울

이내 환해져 오는

당신과 나의 어긋난 문장들이

이내 푸르러지는

그래, 내일이면 산벚꽃 환해지겠다

소리를 줍다

얼마만큼 순해져야
네 소리에 가까이 갈 수 있나

산벚꽃 피는 소리를 듣지 못 했느냐고
산벚꽃 지는 소리마저 못 들었느냐고
내 안의 생이 자꾸 물어 온다

내가 감당해야 할 절망을
앞서 걷는 당신은 알기나 한 건지
서러운 봄날,

그러니 어쩌랴
산벚꽃 피는 자리에서 실컷 꽃구경이나 하자고
마음 환해져서 내려오는 길

누군가 버리고 간 깨진 흙피리
주워 보니 새 울음소리가 난다

\>

새의 울음을 줍는다

새들의 우울

 그 애는 새를 무서워했다 날카로운 부리를 보는 것만으로도 현기증을 일으키며 눈물을 흘렸다 뾰족한 부리가 금방 꽃잎의 눈을 쪼아 버릴 것 같아 불안해했다 결코 새를 사랑하는 일을 허락하지 않았다

 빨갛게 충혈된 손가락이 새의 발가락을 닮았다고 말해 주었을 때, 고흐를 그리던 붓을 흔들며 마른 억새처럼 눈빛이 서걱거리던 그 봄날 함께 유리딱새를 만났다 내가 좋아하는 올리브 빛 그 부드러움 앞에서 그 애는 발작을 일으켰다

 새는 우리가 그리는 자유야 라고 해도 이해하려 하지 않았다 내가 사랑한 유리딱새의 부드럽고 잔잔한 부리와 발가락을 닮았다는 생각이 들수록 그 애는 내게서 자꾸만 멀어져 갔다

 천공을 날아다니는 자유로운 새들의 부리에 끝내 다가설 수 없는 그 애의 고단한 각도

>

 화실에 앉아 오래전에 떠나간 새를 그리던 섬약한 손가락 사이로 야생의 하루가 빠져나간 그림들, 캔버스 위에서 영혼이 없는

 눈이 없는 새의 그림은 새들을 우울하게 했다

붉은 숲

한사코 따라나선 길
발걸음마저 뜨겁게 불타올랐다

붉은 숲에 들어
문득 먹먹해지는 마음
사는 일이 이토록 간절한 공양인 것을

돌아보면
누군가 나를 부를 것 같은
무아지경의 숲에 들어
슬프도록 고운 마가목 열매를 생각했다

한 생을
저렇듯 붉게 살다 갈 수 있는 마음
오래오래 들여다보았다

너를 생각하는 날들

뜨거운 팔월의 오후 세 시,
내 안에서 꿈틀거리던 작은 생명
좁은 산도를 지나 세상으로 나온 너는 울음으로
내 품에 안겨 딸이 되었다

어느 한순간도 네게서 눈을 뗄 수 없었던 나날들
삶의 자리마다 환한 꽃으로 피어나던
어느덧 서른 살의 너를 안으면
아직도 젖내 풍겨오는 맨살의 향기

내가 이 세상에서 만난 탯줄의 언어
뜨거운
눈물겨운
시원始原의

이 넓은 우주에서 만난
너라는 문장

시간의 뿌리

죽염으로 양치를 해도 점점 부어오르는 잇몸
이를 뽑아야 한다는 의사의 말을 거부할 수 없어
마취주사를 맞고 기다리며 생각했다

오십 년 넘게 입속 뿌리로 있던
치아를 한 번쯤은 깊이 고마워했던가
눈깔사탕이며 날짐승 뼈다귀를 오도독 씹으며 튼튼한 치아를 자랑하던 치기를 생각하며
뒤늦게 미안해지는 마음이 든다

잇몸 속을 헤집고
치과용 플라이에 단단히 발목 잡힌 나의 뿌리 한 조각이 기우뚱,
발버둥 치던 치아가 뽑혀 나왔다

오랜 시간 함께했던 뿌리는 길었다
>

내 몸의 일부였던 치아를 마분지에 쌓아

산길 애기동백나무 아래 묻고 돌아온 날 밤

헌 이 줄게 새 이 다오

어릴 적 아버지가 실로 잡아당겨 뽑은

초가지붕에 던져주던 헌 이빨 꿈을 꾸었다

천둥소리 하나쯤

마음에 천둥소리 하나쯤
걸어두고 살아야겠다

먹고 사는 일이 뭐 그리 대단한 일이라고
그리운 사람들 소식을 외면하고
속절없이 살아왔나

산벚꽃 무너져 내리고
빈 하늘 위로 철새들이 날아가는 석양 무렵
사랑했던 한 사람이 떠나갔다

건성으로 사는 날이 많아지고
정성을 다하지 못한 마음을 애써 변명한다 해도
나를 용서하면 안 되는 것이었다

내 안에 살아 있는 좀벌레 한 마리
살만 찌우고 사는 동안

나를 속이며 사는 날이 늘어만 갔다

마음의 천둥을 달아

천둥, 천둥

천둥소리로 나를 깨워야 할 텐데

시인의 별나무

별을 보고 인간의 길을 찾았다는
시인의 별을
거실 벽에 걸어 두었다

사라진 반딧불이가
집을 지키며 불을 밝힌다

별을 찾아 떠나는 시인은
별 속에 잠들고
별이 피어나는 길을 걷는다

시를 쓰는 일은
우주에 내리는 어둠을 지워내는 일

나는 별이 돋아나는 별나무 아래 밤새 시를 쓴다

사랑이여

생은 찰나에 흘러가는 은하수 같은 것

그러니 부디
구름 속을 뚫고 나오시라

안과 밖

누구에게나 마음을 쉽게 내보인다는 말
자주 듣는다
굳이 숨겨야 할 일도 없고
꼭 숨기고 싶은 것도 없다

그러나 세상은 그렇지 않다고
내 마음 같지 않다고
나를 생각해주는 말을 하는 사람들

타고난 태생이 그런 사람이라서
그게 말처럼 쉽지 않아서
매번 상처를 입고 후회하면서도
당신의 말을 귀담아듣지 못했다

인생의 표지판도 없이 살아온 길

셈법이 서툴러도 불편하지 않아

속마음을 숨길 이유도 없었는데
가끔은 내가 바보라는 생각이 드는
그런 날 있다

이 나이 먹도록
알지 못하는 세상의 질문 앞에서
자꾸 손을 드는 생이 가렵다

한 마리 물고기가 되어

단식을 하는 동안
운동요법으로 알게 된 붕어운동

매일 한 마리 물고기가 되어
퇴화된 지느러미와 꼬리를 흔들며
나는 비로소 강을 갖게 되었다

세 평짜리 거실 바닥의 강에
반듯하게 누워 다리와 어깨를 곱게 모아
강 한가운데로 꼬리를 흔들며 나아가는
나는 한 마리 물고기

서툴게 오체투지로 나아가는
어리숙한 물고기가 되어
고요의 강을 건너다보면
마음속 탁한 영혼들이 빠져나가는 소리 들렸다

풋사과의 시간

 맛있는 사과를 선물 받았다 풋사과의 알맹이를 만지면 금방이라도 푸른 눈물이 흐를 것 같다 입추를 며칠 남겨두고 가지를 일찍 떠나온 사과의 시간을 생각했다 햇빛과 바람으로부터 떨어져나온 어린 사과를 눈앞에 두고 본다 한 쪽 볼이 조금 시무룩하게 부풀어 있다 아직은 햇빛을 더 그리워해야 하는 몸 구석구석을 따뜻하게 어루만진다 여린 사과의 감촉이 부드럽다 일찍 내 곁을 떠나 혼자 살림하며 직장에 다니는 딸아이처럼 안쓰럽다 연민처럼 번지는 사과 한 알을 딸과 마주 앉아 먹는다 풋풋한 사과 맛이 입안 가득 고이는 한여름의 아침

 사과를 사러 다닌 그 사람의 발목 같은 깡치*만 남기고 사각사각 사과의 시간을 베어 먹는다

*살을 먹고 남은 뼈대

질경이가 돋아난 산길을 걸으며

인적 드문 산길을 가는데
질경이가 지천이다

산에서 길을 잃으면
질경이를 따라가면 된다는 말을 믿으며
혼자 산길을 걷는다

길 따라 뿌리 내린 질경이를 밟고 가다
뒤돌아본 산길에는
밟고 지나온 자리마다
몸을 뒤틀며 일어나는 푸른 생명

친구들과 마주 앉아 꽃줄기로 놀이를 하며
누구 것이 더 센지 시합하다
꽃줄기 끊어져 넘어져 웃던 기억이 난다
그 친구들은 어디에서 잘 살고 있을까
>

푸른 산길 풀섶에서 길을 내주는
질경이와 눈을 맞추며 걷다 보면
그리운 사람들 따라 나온다

적막한 산길에는
국수나무 휘늘어진 흰 꽃 사이로
꿀벌의 잔치가 한창이다

내가 너의 씨앗일 수 있다면

봄햇살이 푸르다

지천명이 넘은 나이에도 채 여물지 못한 나는
막 피어나는 저 여린 풀잎 앞에서
대책 없이 자꾸 눈물이 난다

삶은 매번 굴절되는 시간 같아서
바람의 사원에 든 미황사 시인을 만나러 가는 사월
바람의 경전 소리는 들리지 않고
풀씨처럼 내 안을 날아다니는 봄날의 소요를 본다

한 생의 봄날, 그 짧은 시간 속에서
세상을 이미 떠나간 시인*의 집을 걸었다
그들의 지나간 생은 맑고 차가웠다

책꽂이의 손때 묻은 낡은 책들을 어루만지며
세상의 상처와 배신에도 꿋꿋했던 시인 앞에서

결기를 다지는 봄날

뒤란 마루에 선 동백나무 한 그루
윤기 흐르는 잎사귀마다 시인의 눈동자가 어려
말랑해진 나를 두드렸다

어느 해 봄날
그대의 샘가로 날아와 뿌리를 내린 어린 자귀나무 한 그루
어디서 날아온 건지 알 수 없는 봄날의 반란,
나, 그대의 씨앗일 수 있다면

*고정희 시인은 자유를 향한 시혼을 뜨겁게 불태우며, 민족 민중 그리고 여성의 해방을 위해 살다가 지리산 등반 중 조난사고로 43세에 타계했다.

동백꽃 피는 어머니

남편도, 아들도 잃은 어머니는
추운 겨울밤에도
저고리를 벗은 채 창문을 열어야 잠이 들었다

경찰서에 불려가 생동백나무 몽둥이로 맞고 돌아온 밤이면
어머니 온몸에는 붉은 동백이 피어났다

몸뚱어리마다 동백꽃 피우던 어머니는 가고
세상에 혼자 남아 빨갱이 딸로 도장 찍힌 나는
네 살 때 잃은 아버지 얼굴 기억하지 못해도
파출소에 수시로 불려가 감시당했다

내 마지막 소원은
아버지 이름에 찍힌 붉은 도장 지워내는 일
천근 같은 억울한 누명 벗겨낼 수 있다면
해마다 동백꽃 피는 계절이 와도 서럽지 않으리

>

온몸에 열꽃처럼 동백꽃 피우며 살다 간 어머니
그 동백꽃 눈물로 바라보지 않으리

소금쟁이

집 앞 냇가에서 소금쟁이 흉내로
배고픈 줄 모르고 헤엄을 치던 어린 시절의 나처럼
서른이나 되는 딸이 물가 엿장수 되어 나를 부른다

검은 생머리 뚝뚝 물을 흘리며
긴 다리와 팔을 뻗어 첨벙, 물속으로 사라졌다 튀어 오르는 동안
소금쟁이 따라 하던 수영도 잊어버리고
물이 무서워져서 자꾸만 물러서는데
딸아이는 팔월의 해변처럼 푸르기만 하다

물 위를 걷는 소금쟁이 시절이
내게도 있었다고 큰소리치면 뭐하나

나는 지금
물 밖을 튀어나온 퇴화한 소금쟁이가 되어
강물 주변을 어슬렁거리는 슬픈 곤충이다

제2부

가을무

십자화 꽃에서 채취한 씨앗

손가락으로 구멍을 내어 심어 두었는데

상강 지나 구절초 꽃잎마저 떨어져 내릴 때

푸른 잎사귀 무성해 뽑아 올린 무, 맑고 희다

묵묵한 삶의 안쪽

그곳에 곧은 뿌리를 내려

흰 뼈대를 키웠구나

깊은 생의 뿌리 안에

묵묵히 흙의 심장을 들여다보며

가을 속으로 깊어진 구근의 삶이 맵다

나란한 간격으로 있던 무가 뽑힌 자리가

깊고 그윽하다

메꽃*, 질긴 사랑

땅속에 메를 지어놓고
누구를 애타게 기다리시나

찾아오는 이 하나 없는
깜깜한 어둠 속
흰 국수 가락 말아놓고
기다림에 지쳐 지상으로 올라와
푸른 줄기로 뻗어가는 그대여

끝내 지어놓은 메는
그대에게 드릴 수 없다 해도
당신이 오는 길목에서
연분홍빛으로 수줍게 꽃피는 사랑이여

해마다 여름이면
메를 지어놓고 길을 내어 피는
죽은 병사의 나팔꽃

뜨거운 태양 아래에서도 거침없이 줄기를 뻗어
꽃을 피우는 지독한 사랑

*메꽃의 땅속줄기는 가늘지만 고구마와 비슷하게 녹말을 저장하는 역할을 한다. 보릿고개가 있던 시절엔 메꽃의 뿌리를 캐 먹기도 했다. 메꽃에 얽힌 전설이 있다. 어느 부대의 연락병이 적이 쏜 화살에 맞고 죽었는데, 적은 이 병사가 만들어놓은 표지판을 반대로 돌려놓았다고 한다. 장군은 병사가 보이지 않음을 이상하게 생각하여 주변을 살피다가 주위에 나팔꽃 모양의 꽃이 줄기를 왼쪽으로 틀고 있는 것을 보고 죽은 병사의 나팔이라 생각하고 그 꽃이 가리키는 방향으로 행군했다는 이야기다.

숨죽여 부르던 이름들

순정한 목숨이 하나, 둘 사라졌다
오늘 자고 나면 아랫녘 친구가 없어지고
또 하루를 자고 나면 웃녘 친구가 없어지고

좀처럼 이해할 수 없는 부재 앞에서
말을 할 수 없었던 사람들은
깊은 밤이면 풍금 소리로 울었다

수모와 치욕의 위태로운 삶 속에서
숨죽여 불러야 했던 이름들은
이듬해 철 따라 들꽃으로 피어났다

얼레지, 노루귀, 바람꽃, 개망초, 물봉선, 구절초, 쑥부쟁이
그 순한 꽃들이 환하게 피어 바람에 흔들렸다

숨어 우는 달

 스무 살, 꽃보다 고운 새댁은
 만삭이 된 몸으로 찬 서리 내린 논두렁에 엎드려 매를 맞고도 대를 잇기 위해 엄마를 꼭 붙잡고 태어난 아이를 차마 버릴 수가 없었다

 "아들 하나가 목에 탁 걸려서, 내가 낳은 새끼 어디 가서 눈치 안 보게 할라고 시집가라는 어른들 말을 다 무시하고 살았어요"

 느릅나무 껍질처럼 늙은 스무 살 곱던 새댁의 기다려온 세월이 깊다

 "이 나이 되도록 안 온 거 보면 죽었겄지라. 난 괜찮은디 지 애비 얼굴도 모르고 자라게 해서 항시 미안한 마음만 들어요"

 어린 아들 품에 안고 숨어서만 몰래 불러본 이름, 달과 함께 울었던 이름

네 생을 기웃거리며

그 나비였을 것이다

햇볕 쨍쨍한 날
거처를 옮긴 배추 모종을 심고 물을 줄 때
이파리가 제법 납작납작해질 때
스치듯, 흘겨보며 날던 그 흰나비

배추밭 주인의 허락도 없이
만삭의 몸을 풀었다

한참 이쁜 배춧잎만 골라서 알을 낳고는
어디에 숨어 지키며 가르치는지
애벌레들의 배추 먹는 솜씨가 영리하다
배춧잎에 구멍이 뚫리도록 속수무책이었다

아침마다 구멍 낸 애벌레를 잡기 위해
눈을 크게 뜬다

꾸물꾸물 작은 애벌레의 생을 기웃거리며

애벌레를 잡는 일이 눈물 난다

누군가의 생을 이렇듯 진지하게 들여다본 일이 있었던가

문득 당신의 생이 궁금해졌다

나의 포장법

매일 나는

나를 포장하며 산다

나이 들수록 물렁해지는

자존심 하나만은 지키고 싶어

너덜너덜해진 나를 기우고 또 기운다

늘어진 뱃살 옷 속에 감추고

핏기없는 입술에 꽃분홍 립스틱 바르며

길을 나서면

세상은 내게 참하다는 가냘픈 언어를 들려주며

웃고 싶지 않아도 웃게 했다

당신을 사랑하면서도 아닌 척

물기 밴 마음 채 마르기도 전

하루의 연극은 끝나고

집으로 돌아오는 저녁이면

잘 포장된 나를 벗는 일이 두렵다

문득

내 생이 과대 포장되고 있지 않은지

골똘한 생각 하나

눈물처럼 매달려 있다

큰절

 외할머니께 큰절을 올리는 어머니를 본 적이 있다 추운 겨울에도 방문을 활짝 열고 차디찬 툇마루에서 절을 정성스레 올리고 나서야 방으로 들어가 외할머니 손을 잡던 어머니

 下心이란 어머니가 하는 절이다

 외할머니는 부처 같은 딸에게 아무 말 없이 저녁상을 내었다 만주로 피난 갔다 밥그릇도 없던 시절 부자라는 말만 듣고 어린 둘째 딸 선뜻 시집보내고 가슴앓이하신 외할머니는 밥상 위에 밥그릇 올리고 식사를 하신 적 없었다

 시집가서 몇 년째 소식 없는 딸이 보고 싶어 길을 나섰던 외할머니가 딸 집에 들어섰을 때 하필이면 아버지에게 매맞고 있는 어머니를 보신 후 그대로 돌아서 가신 외할머니께 어머니는 평생 죄인이 되었다

 언젠가 나도 어머니가 외할머니께 올린 것처럼 세상에서 가

장 낮고 곱게 큰절을 하고 싶었다

  파란 잔디 돋아난 무덤가에서 큰절을 올린다 오냐, 오냐 그렇게 정성스레 세상을 살아야 하느니라 무덤 앞에 놓인 꽃들이 웃는다

  삶은 내게 어머니의 큰절처럼 낮고 경건해지는 일이다

메주 쑤던 날의 추억

생각난다
메주 쑤는 날의 따듯한 장판의 기억

군불로 모락모락 콩은 익어가고
콩을 빻아 만든 메주를 윗목 방바닥에 나란히 눕히면
새벽까지 식지 않던 방

장판이 새까매지도록 노글노글해진 방에서
메주는 흰 곰팡이를 피우고
우리들의 몸에서는 뼈가 자랐다

메주를 시렁에 매어 달면
다시 땔감을 아껴야 했던 우리들의 새벽은
서로 이불자락을 끌어당기며 등을 웅크려야 했다
몸을 기댄 채 온기를 나누면서 정을 키우던 우리

올겨울은

아홉 남매 모여 메주를 만들어봐야겠다

나는 아궁이에 장작을 지피고, 언니는 가마솥에 뜸 들여놓은 콩을 꺼내면 오빠들이 콩을 빻아 동생들과 끈끈한 점액질로 얽혀 잘 발효되는 메주를 만들어야겠다

뜨거운 온돌방에서 움츠러든 뼈를 달래어 키워봐야겠다

쥐똥나무가 있던 울타리에서

어릴 적 담장이 없던 우리집
아버지는 울타리에 쥐똥나무를 심었다

환한 봄꽃들 다 지고 나면
우리집 생울타리에는
작은 몸으로도 진한 향기를 품은
쥐똥나무 흰 꽃들이 쌀밥처럼 피어났다

희고 단아한 그 꽃들,

달뜨는 오뉴월의 밤
달빛 아래 처연하게 피어나는 꽃들 사이로
바람 따라 번져오던 아릿한 슬픔의 향
고등학교도 못 가고 옥양목 흰 천에 수놓으며 밤마다 울던 언니는
학교에 갈 수 있다는 친구 말에
아버지에게 다듬잇돌 아래 몰래 편지 한 장 써놓고 집을

떠나

  가리봉동 한일합섬에 취직을 했다

언제라도 다시 돌아올 것 같던

언니의 빈자리 대신

쥐똥나무 흰 꽃이 탐스럽게 열리던 그해

우리는 봄과 여름 사이에서

쥐똥나무 향기에 취해 잠이 들곤 했다

지금은 사라진 그 울타리

그때는 이름도 몰라 좁쌀 꽃나무라고 불렀던

쥐똥나무가 있던 자리에 서면

언니가 남기고 간 편지를 품고

하루, 이틀 달력을 세던 우리들의 시간이

쥐똥나무 흰 꽃으로 피어난다

내 삶의 노래

세상을 원망하며, 아내를 원망하며
집으로 돌아오는 젊은 날 아버지의 노래는
꿈처럼 밀려왔다 부서지는 파도 소리였다

그림을 그리고 싶었던 아버지는
화실을 하고 싶은 꿈을 버린 뒤로
술에 젖어 골목을 울리며 부르던 유정천리
우리는 꿈결에도 아버지의 노래를 따라 불렀다

발길을 돌리려고 바람 부는 대로 걸어도*
돌아서지 못한 마음을 노래한 어머니의 노래는
내 가슴에 안겨 우는 눈물 냄새였다

할머니 뜻에 따라 결혼했던 아버지의 화풀이가
어머니에게 참을 수 없는 고통이었을지라도
순종밖에 몰랐던 어머니가
차마 돌아서지 못한 마음을 노래했을 것이다

\>

아버지의 노래와 어머니의 노래는

푸른 달밤에 듣는

조지 윈스턴의 캐논 변주곡이었다

먼 훗날, 내 아이들에게

남을 내 삶의 노래는

어떤 노래가 될까?

*최병걸의 '진정 난 몰랐었네' 가사 한 구절

꽃싸움을 했다

 한때 젊은 날의 아버지는 화투를 그려 팔았다 했다
 송학부터 비광에 새겨진 버드나무까지 짝 맞추어 화투를 몇 장이나 그려 팔았는지는 알 수 없지만, 가끔 하루 운을 떼는 화투패를 던지는 아버지를 본 적 있다
 아버지는 친구들끼리 삼봉을 친다고 했다
 화투 안에 사계가 들어있다는 아버지 말씀이 신기해서 아버지의 화투패를 호기심으로 읽던 나는 그중에서도 2월의 매조를 좋아했다

 아버지의 손안에 찰싹 안겨 방바닥 담요 위를 수놓던 화투패

 아버지 손때 묻은 화투로 오랫만에 형제들이 모여 왁자지껄 꽃싸움을 했다
 어린 날 아버지가 운을 떼던 심정으로 패를 던지면 매번 나의 예상은 빗나가고 피박에 광박에 독박까지 마음대로 되는 일이 없었다

버리고 취해야 할 때를 놓치면서 꽃싸움이 울적해졌다
주위는 둘러보지 못하고 오직 내 손안에 들어있는 화투패만 생각하는 낭패를 당하고 말았다

아무래도 우리는 아직 인생을 제대로 살지 못했다고 꽃싸움을 그만 두었다
마을회관에 계신 어른들께 문안 인사하러 아홉 형제가 나섰다
오랜만에 뵙는 동네 어르신들께 금세 화투같이 환한 상을 차린다
어르신들 얼굴에 너울너울 꽃이 핀다

오늘, 아버지 건배사는 낙장불입!

때죽나무 꽃이 피었다

오월 숲길에 푸른 비가 내린다
우산을 들고 어머니 찾아가는 길
때죽나무꽃 향기에 발길 멈추고 돌아본다
언제 거기 있었는지 기억에도 없는
비에 젖은 때죽나무가
흰 꽃들 나란히 고개 떨구고
꽃잎마다 빗방울 달고 피어 있다
아, 새벽밥 차려놓고 십리 길 손수레 끌고 배추 팔고 와서
할머니 아버지 앞에서 굽신거리며
늦은 점심상 차리던 어머니처럼
한 번도 고개 들어 피어나지 못한 꽃

새벽같이 일어나 온몸을 불살라도
목소리 한번 내보지 못한 어머니는
나에게는 굴욕 같은 세상이었으나
내 생의 딜컹거리던 저무는 오후였으나
평생 아버지를 하늘이라 여기며

등 구부려 복종만 했던 어머니가

여기 흰 꽃으로 피어 있다

기도하듯 낮은 곳을 향해 몸을 열고 있다

아, 아득해진 어머니가

다시 일어나 이리 고운 향기로 나를 부르다니

아주 오래전의 봄

할머니 고모네 가고 없는 심심한 봄날,
엿장수의 가위질 소리가 낭창낭창하게 집 앞까지 울려 퍼졌다

엿을 사 먹을 빈 병도, 놋쇠 그릇도 없는데 마루 위에 놓인 할머니의 흰 도자기를 엿과 바꿔준다는 엿장수 말에 꽂아놓은 고운 진달래를 내팽개치고 엿가락 스무 개와 바꿔 동네 아이들과 속이 데리도록 엿을 먹으며 꿈같은 하루의 봄을 지냈다

단내나는 세상을 꿈꾸는 일이란 깨진 꽃병 하나로도 충분하다는 것을 엿장수 아저씨는 가르쳐 주었다고 우리는 몇 번이나 고마워했던가. 꽃 그림도 없는 무색의 꽃병 하나면 그 많은 엿을 먹을 수 있을 거라는 기대로 친구들과 함께 학교에 가지 않은 날이면 산 아래에 있는 가마터에 가기로 약속을 했다 우리는 매일 엿가락처럼 달콤한 맛을 즐기며 살 수 있을 거라는 기대로 꿈을 꾸기 시작했다

그러나 달콤함은 오래가지 않았다

 몇 대째 내려온 백자를 잃어버린 할머니는 오랜 구박을 끝내지 못했다 주둥이가 깨진 흰 꽃병으로만 생각하여 산에서 꺾어온 진달래를 담기에 안성맞춤으로 점찍은 그것이 그렇게 귀한 것인 줄 몰랐기에 엿과 바꿔 먹어버린 나는 다시는 진달래를 꺾어 집으로 가져오지 못했다 그날 이후로 수소문해도 찾을 수 없었던 엿장수는 끝내 오지 않았지만 나는 오래도록 기다리고 기다렸다

 값으로 매길 수 없을 만큼 귀한 그릇이기보다는 깨진 항아리를 엿과 바꿔준다는 엿장수 말에 곱디고운 진달래꽃이 주는 기쁨을 팔아 내팽개쳐버린 자존심 때문에 어린 날 나의 봄이 그토록 서러웠다는 것을 아무도 모른다

 우묵한 백자 항아리에 다시 담을 수 없는 봄을 생각하면 서러움이 인다

아득한 가뭄

당신이 참 미욱할 때가 있다

겨우내 올라온 시금치, 쪽파들 삐들삐들 말라가는 밭을 보면서 이리저리 비의 지문을 찾는 모습들이며 구름 쪽으로 매화나무 가지를 끌어당기는 당신의 떨리는 손

해독할 수 없는 자연의 현상들

제초제 한번 한다고 환경오염 되겠냐 볼멘소리하는 당신에게 단호했던 말들. 봄이 와도 새는 울지 않을 거라고 가만히 앉아 책이나 뒤적거리며 얼마나 많은 잔소리 늘어놓았나 아, 저만큼에서 아픈 무릎 구부리며 풀을 뽑던 당신에게 비구름이 몰려온다

당신을 위로하는 호흡 사이, 흐르는 물줄기 찾아 샘을 파던 날 지하로 관이 들어가는 아득한 시간만큼 우린 또 얼마나 애달팠던가 흰 돌가루 뒤집어쓰고 순간 솟아오르는 물줄기, 메

마른 나뭇가지 사이로 금방 생기가 돌았다

 물줄기 찾아 헤집은 뒤뜰 마당에 선명하게 자리 잡은

 흉터 하나

누군가 나를 읽고 있다

잇몸병으로 치아 X-레이를 찍고 나면
화면에 나의 잇속을 띄워놓은 젊은 의사 앞에서
잇속마저 들킨 나는 우울해진다

뼛속까지 잘 읽는 첨단 기계들이 찍은 사진 속에는
내가 아닌 것들이 빼곡하다
사진을 해독하는 의사 앞에서 점점 낯설어지는 내가 있다

지금껏 살아온 내가 알지 못하는 것을
나보다 먼저 읽는 그것들이 불편하다

내가 몇 권의 책을 읽고 있는지
몇 편의 시를 썼는지
최후의 자존심마저 들킬 때가 있을지도 모른다

제3부

꽃잎의 주소

뱉은 문장들이 되돌아왔다

근심을 풀 때마다
생각의 숨결을 다독여주시는 말씀
종일 생각하며 하루를 보냈다

바람에 꽃잎 한 장
내 앞으로 떨어져 내렸다
상처투성이인 꽃잎 가슴에 품고
또 하루를 보냈다

어머니 마음으로 안아주라는 말씀
꽃잎 위에 얹는다

내가 환해졌다

상강

 일 년에 서너 번은 풀을 베어야 한해가 넘어간다고 예초기를 매고 밭에서 풀을 베던 그는 흰 이를 드러내며 웃었다

 무섭게 뻗어가는 칡넝쿨이며 하룻밤 자고 나면 쑥쑥 자라나는 풀들을 보며 제초제라도 뿌릴까 하다가도 살려고 태어난 목숨을 독한 것으로 죽일 수는 없다고 이발하듯 풀을 깎는단다

 풀을 깎다 보면 풀 속에 꿩들이 낳은 가지런한 알이 보이고 작은 산짐승들 풀 뜯으러 왔다 낮잠 든 둥근 자리가 보이고 이름을 알 수 없는 앙증맞은 꽃들의 웃음이 보이면 그만 풀 베기를 멈추고 돌아섰단다

 풀을 베다 보면 예초기 칼날에 베어지는 꽃들의 상처가 애처로워 움칫거릴 때가 있단다
 마음이 움푹 내려앉을 때가 있었단다

그러다 보면 풀들도 미안해지는지 이상 키를 늘리지 않고 몸을 낮춘다고 자연의 순리대로 살아지는 것이 인생이더라고 풀을 베던 예초기 던져두고 단풍 구경이나 다녀오겠다고 떠나는 이른 아침

 마당에 엷은 첫서리가 내렸다

나는 장돌뱅이 13살 순이였다

 아버지는 효곡 사람들 틈에 굴비처럼 엮어 끌려가셨다지
 그날은 작은집에서 불에 타죽은 소고기를 먹고 내려오는 길이었대
 경찰들이 몰려와도 죄 없으니 숨을 일도 없어 효곡마을 길을 버젓이 내려오다 끌려가신 아버지

 끝내 아버지는 핏빛 주검이 되어 돌아왔어
 그렇게도 추운 날, 따뜻한 방에 들어갈 수가 없었어
 뻣뻣해진 아버지의 죽음이 무서웠어
 아버지 따뜻한 웃음도, 얼굴을 쓰다듬어주던 손길도 차디차기만 했어

 친척들은 아버지를 메고 산으로 가고
 할아버지, 할머니는 망부석처럼 움직임도 없는데
 두꺼비처럼 배만 불룩한 어머니는 아버지 주검이 있던 자리에서
 데굴데굴 뒹굴며 울었어

>

 정월 찬바람 속에 낳은 동생은 울음을 울지 않았어
 아버지를 잃은 뱃속 동생도 아팠었나봐
 그래도 죽어서 나오면 울 엄마 어떡하라고
 해산하고도 일어나지 못한 엄마 얼굴은 누렇게 부어 올랐어
 핏덩어리 죽은 동생을 안고 할아버지 따라 산을 오를 때
 엄마의 통곡소리가 가는 길을 막았어
 이름도 얻지 못한 채 흰 수건에 싸인 동생이 돌보다 무거웠어
 사람의 목숨값이라는 게 어린 것도 그렇게 크다는 것을 그때 알았어

 할아버지는 오부작오부작 큰 묏동 옆을 파서
 동생 눕히고 돌덩이 한 개로 눌러 돌무덤을 만들어줬어
 그때 돌이 동생 배를 눌러 창자가 나오는 것을
 내 힘으로 어찌할 수 없어
 눈 딱 감고 산을 내려오고 말았어

아직도 내 마음에 그 애가 걸려 있어

그때 내 나이 열세 살
아버지의 죽음도, 손수 묻은 동생의 죽음도 슬퍼할 시간이 없었어
퉁퉁 부은 어머니와 마룻장 속에 숨어 사는 오라버니를 위해
장돌뱅이가 되어 가족의 생계를 책임져야 했어
동네 아이들이 장돌뱅아, 장돌뱅아 놀렸어도 나 기죽지 않고
장을 돌며 나물과 곡식을 팔아 살았어
내가 기운 차려야 가족이 산다는 것을 일찍 깨달았어

아버지 없는 세월이 그리도 힘들었지
이제 저 세상 가서 울 아버지 만나면
예전처럼 손잡고 고생했다 말해 줄까
당차게 살아온 외동딸 순이를 좋아해 줄까

나는 장돌뱅이 열세 살 순이였지

가을

가만, 누가 저 벽 속에 갇혀 울고 있나

어슴푸레한 저녁이면
여름 꽁무니 속에 들어 토해내는
저 질긴 울음을 어쩌나

더위에 늘어진 초록 숲이
출렁출렁 옷매무새를 어루만지는 여름 끝자락

흠뻑, 저 울음 속으로 잠긴다

새들을 위한 농사법

어느 날 문득
산속으로 들어간 그의 농사법을 생각했다

그의 곁으로 이사한 새들은 산밭을 일궈 심은 땅콩이며 강낭콩이 담긴 흙 속을 부리로 콕콕 찍어 그해 콩 농사 작파하더니 한해는 블루베리 초코베리 익어가기 시작하니 떼거리로 몰려와 한 알도 남김없이 먹고 시치미를 떼고 노는 새들의 이야기를 들었다 그 해, 앵두가 익어가는 봄날 사나흘 외출했다 돌아오니 새들의 입술 사이로 앵두알이 붉게 흘러내리고 자두 살구 사과 무화과 열매란 열매는 새들의 부리에서 온전한 것이 없다고 하던, 상처투성이가 된 열매를 어루만지다 한 입 베어 물면 누군가 그리워진다는 사람

농사는 사람이 짓고 새들이 고객인 농사, 새 때문에 못 한다고 때려치우려다가도 그래도 꽃피는 것만 보며 살아도 좋겠다는 농사법을 위안으로 삼는 그의 등 뒤로 왕고들빼기 흰 꽃이 손을 흔든다 숲길 달려오는 바람 사이로 그의 이마가 환

히 빛난다

 첫 열매는 기꺼이 새를 위해 바치고
 나머지 몇 할만 먹는 반반㐅㐅 농사법을 이야기하는 표정 뒤로
 생의 울음을 길게 울고 가는 저 새떼들

 서쪽으로 날아가는 새들을 보면
 그 사람의 자두나무 가지가 또 휘청거리겠다 생각할 때가 있다

당신을 사유하는 일

당신이 남기고 간 삶의 페이지마다
눈물이 고인다

장롱 서랍 속 가재 손수건에 묶인 동전 꾸러미와
삭아서 엉겨 붙은 검정 고무줄 몇 가닥
온전한 것이 없는 빛바랜 속옷
생전의 낡은 흔적들과 마주하던 지난 밤

떠나고 없는 당신을 생각하면
못다 한 일들만 서럽고 아쉬운데
슬픔으로 내 안에 자리 잡은 당신 때문에
나는 언제나 불편했다

가을밤 함께 바라보던 별빛과
백일홍 풀꽃을 가꾸며 웃던 당신의 웃음만 남기고
왜소한 문장으로 멀어지는 당신
삶이 흔들릴 때마다 당신이 그리워진다

\>

당신 없이

혼자 앓는 밤이 길어졌다

이런 사랑

여보,
다른 세상에 가면 당신만 사랑해주는 사람 만나 행복하게 살아

……

여보,
함께 사는 동안 당신에게 못 해준 것들 많아서 미안하네

당 신 은 참, 그 런 말 하 지 말 아 요
먼 나 라 에 가 서 도 당 신 이 랑 결 혼 할 거 에 요

당신한테 못 해주고 힘들게만 했는데도……

당 신 이 첫 마 음 이 었 어 요

……

\>

여보,

조금만 기다리고 있어

너 무 빨 리 오 지 말 아 요

여보, 여보

……

늙은 지아비의 가없는 탄주 소리에 고요히 꽃잎이 진다

회혼回婚

단풍이 곱게 물들어가는 가을날
낙안읍성에는 떡을 치는 소리와 술을 빚는 냄새에
초대장 없는 하객들이 구름처럼 몰려왔다

원삼 족두리 입은 신부와
사모관대를 두른 신랑의 혼인 잔치
다정한 자식들이 화촉을 밝혀 성혼선언문을 낭독했다

신랑은 신부를 업고
초대한 무용수들의 장단에 맞춰 덩실덩실 춤을 추면
주름진 신부의 얼굴에 웃음꽃이 피어났다

마주 선 신랑과 신부의 상기된 얼굴
더도 말고 덜도 말고
열 명의 떡두꺼비 같은 자식을 낳으라며
덕담을 건네는 축하객들의 목소리가 달뜨던 하루

허리 굽은 어머니 안에 아이가 자란다면

구부러진 허리가 펴질지도 모르는 일
벌써부터 우리는 태몽을 꾸기 시작했다

혼인 잔치를 끝내고 집으로 돌아와
신혼의 단꿈을 꾸는 방에 불이 꺼지고
거실에 모인 우리는
태어날 아이의 배냇저고리를 만들며 밤을 세웠다

아직 묻지 못한 말

뒤뜰 언덕에 아카시아꽃 하얗게 필 때
홀연히 사라져버린 오빠 생각에
동생들과 꽃잎을 씹어가며 울던 그해 오월

유리구슬처럼 눈망울이 반짝이던
우리 오빠, 감옥살이하고 나온 뒤로 초점을 잃고
활시위처럼 웅크리고 잠만 자던 서글픈 등이 생각난다

바람처럼 사라졌다 다시 돌아온 오빠는
아무 말도, 아무런 말도 하지 않았다

해마다 언덕에 아카시아꽃 흐드러져도
울 오빠 빛나던 눈동자는 돌아오지 않고
오빠, 하고 부르는 소리에도 깜짝 놀라던
그렇게 그렇게 사십여 년 세월이 흘러왔는데

울렁울렁 아카시아 꽃피는 오월이면

아직도 묻지 못한 말

그해 감옥에서 잃어버린

빛나던 눈동자는 어디에 두고 온 건지

오빠, 아카시아꽃 피는 오월이 오면 찾으러 가자

통점

아버지, 그 이름을 알지 못해 자주 묻곤 했다던 그는
어머니 명치 끝에 걸려
해질녘 산밭 고랑에 울음을 놓는 아들이었다지.

광주형무소에서 수의도 없이 죽은 아버지
세상에 나온 지 백일 만에 어머니 등에 업혀 면회 가던 날,
고물거리는 손 한 번 잡아주었다는 아버지

젖은 달빛 속에서 밤새 들리던 어머니 노랫소리
그 울음의 끝을 붙잡고 살아온 세월이 아득하다

광주형무소 재판 기록으로만 남아있는

빨갱이 오라에 묶여 살아온 세월토록 몽둥이로 맞은 오랜 기억 속에 갇힌 望百의 어머니는 삶이 자꾸만 몸서리쳐진다고 부들부들 몸을 떨었다

>

첩첩 절망의 시간을 견뎌온

그 선한 눈빛 속에 담긴 허기를 읽다가 그만, 내가 젖고 말 았던

소리없는 통곡

언젠가 돌아올 것이다

그리움은 그렇게 시작되었다
저승을 문 앞에 둔 나이에도
삶을 덮쳐온 무수한 기억들 잊지 못하고
천둥소리로 남은 사람들

사내들은 굴비 두름처럼 손목이 꽁꽁 묶인 채
배 끝에서 쏜 총에 줄래줄래 고꾸라졌다
몸에 매단 바윗덩어리도 함께 떨어졌다
갈매기는 끼룩끼룩 울지 않았다

탕 총소리에 풍덩
풍덩, 풍덩, 풍덩, 풍덩, 풍덩 …
게임인 줄만 알았던
이승의 뜨거운 삶을 받아든 바다는 몸서리쳤다

그 날의 바다는

파도 소리도 꿈떡꿈떡 가라앉았다지

달맞이꽃
— 임혜란 선생님에게

밤이면 달을 기다리며 피어나는
노란 그 꽃 웃음을 닮은 그녀

강둑에 핀 꽃을 따라
어머니와 어둑해진 밤길을 걸었던 나는
달빛 아래 피어 있는 꽃을 따서
집으로 가져오곤 했다

갱년기 통증을 잘 다스린다는 꽃

달맞이꽃 종자유 대신 어머니는 꽃을 먹었다
꽃을 먹으면 거짓말처럼 괜찮다던 어머니
어른이 되면 비싼 종자유 사주겠다고 약속했는데

엄마표 참기름이라며 내미는 그녀
마치 어머니에게 사드리지 못한 달맞이꽃 종자유 같아서
하마터면 울 뻔했다

강둑 시린 달빛을 걸어온

그녀의 향기에서 달이 걸어 나온다

달맞이꽃이 환하게 핀다

가을 택배

서울에서 임용을 준비하는 딸에게
이것저것 챙겨
택배 상자를 들고 나가는 남편이 비틀거리던 아침

필요한 것만 보낼 일이지,
이제 나이 들어가는 모습이려니 하다가
일을 나섰었는데

다음 날 저녁
젖은 목소리로 전화한 딸이
아빠가 보낸 택배 상자 안에
가을이 가득 들어 있더라고

공부하는 딸이
공부만 하고 가을을 못 느끼고 지날까 봐
택배 상자 속 곱게 접은 편지 안에
애기단풍 한 장 붙여놓고

먼 산 보듯 가을을 보라 했다는데

전화기 속에서 붉게 물들어가는 가을

통증들

교통사고 후유증으로
오랜 두통에서 해방되었다고 생각했는데
숨어 지내다
이제야 나타나는 통증들

찬바람 불면 귀가 아프다
어릴 때 치료하지 못한
중이염 흔적이라고
아플 때면 진통제 처방뿐이라는데

까무룩, 잠에 빠지면
가만히 있으라는 배 안에서 다리를 오므리고
아프다고, 아프다고 소리치지 못하는 사월이 오기도 하면

새벽녘 잠을 깨우는 다리근육통
등줄기가 서늘해지는 생의 통증들이
무시로 찾아온다

\>

이제는 진통제도 내성이 생겨

마음처럼 통증이 사라지지 않아

내 몸을 달래고 견뎌야 하는 시간들

그런 날이면

버짐처럼 퍼지는 우울한 생각 떨치려

길을 나선다

작은 연두

사는 것이 낭떠러지 길이다

코로나에 갇힌
세상은 여전히 슬프고
담장 안의 사람들은 기어오르고 싶은 마음을 다스려야 한다

눈에 보이지도 않은 바이러스
저마다 절망의 말들이 피어난다

전염병에 발이 묶인
세상을 향한 그리운 마음이 이토록 간절하게
일상으로 돌아가고픈 염원을 담아

다시, 봄이 피어오른다

연두, 그 작은 연두가
꼼지락꼼지락
외로움에 빠진 세상을 향해 손을 내민다

제 4 부

안부를 묻다

아버지 얼굴을 기억하지 못한 나는
이름 세 글자만 가슴에 새기며 한평생 살아왔지

똑똑하고 잘 생겼다고
마음마저 노을처럼 따뜻한 사람이었다고
산사람들 저녁 한 끼 준 부역죄로 잡혀가 돌아오지 않는
생사를 알 길 없는 긴 세월

처마 밑 숨겨둔 사진 한 장마저 불태우고
뭉특해진 가슴에 당신 이름을 달고
수백 번 불러보던 아버지

허기진 그리움도 죄가 되어
맘대로 당신을 그리워해 보지 못하고
낡은 집을 지키며 어머니처럼 대문을 열어둔 채
오늘도 바람 소리에 문득 잠을 깬다

울음소리

눈물이 마르지 않는 한 사람을 본다

사월의 바람이 맴도는 봄날
건드리기만 해도 톡톡 터져 나오는
그의 몸은 물집투성이였다

세상에 남겨진 혈육을 안고
자주 쓰러져 울던 어머니는
힘들고 외로울 때마다
하늘과 땅이 닿아버렸으면 좋겠다고 했다

쥐도 새도 모르게 사라진 아버지
비바람 들이치는 천막에서 유복자 여동생을 낳고
세 식구 뼈가 빠지도록 일해도 가난을 이기지 못했다고

묻기만 해도 울고
말문이 막혀 다시 울고

당신이 살아온 생을 그렇게 함께 울었다

뼈를 갈아서라도 어머니를 위해 살고 싶었다던 사람은
이승을 살면서 못다 했던 말로 어머니를 부른다

그 울음소리, 끝없다

그녀는 스물셋이었다
— SPL 제빵공장 20대 여성의 죽음을 생각하며

 퇴근을 한 시간여 남겨두고
 옆 사람이 자리를 비운 사이
 배합기에 빨려 들어간 그녀

 열두 시간, 그녀는 졸음을 참아가며 식자재 15킬로 무게를
밤새워 나르고 치킨 오백 봉지를 까야 하는 것은 일상이었다
밤새워 일하던 스물셋 그녀의 죽음을 듣는 아침

 그녀의 밤샘 노동으로 만들어진 빵들
 빵집의 달콤함을 기억하는 나는
 서릿발을 맞은 듯 한기가 서린다

 자본주의 입맛에 길들여진 나의 식성을
 끊어야 할 때가 온 것일까
 마음속 생의 반란이 시작되었다

 스물셋 그녀는 곧 잊혀
 나는 다시 빵집을 기웃거릴 테지만

식도를 타고 올라오는 메스꺼운 아침

그녀를 열 달 동안 품어 낳고 기른
한 여자를 생각한다
어쩌나

개화
— 나혜석을 다시 읽으며

찬바람에 떨며 찢어지는 꽃잎의
차가운 심장을 본 적이 있다
바르르 떨면서도 꼿꼿했던 그 꽃잎들

그녀는 시대를 앞서 핀 꽃 한 송이
여성의 인권과 자유를 위해
출간한 이혼 고백서
끝내 이해하지 못하는 사람들의 냉대를
홀로 견디며 살았던 여인

차가운 거리에서
꿈도 사랑도 잃어버리고 죽어간
갈기갈기 찢어진 심장은
지금 어디에 묻혀 있을까

그녀를 다시 읽으며
사람이 되고 예술이 되고 싶었던

그녀의 슬픈 생애가

이른 봄날, 다시 꽃으로 피어난다

저 노란 은행잎들

이 눈부신 계절을
도저히 감당할 수가 없어서
노랗게 물이 들었겠지

빽빽하게 늘어선 가로수길을 걸으며
당신에게
금빛 언어가 되고 싶었던 날들

거리에는 쉼 없는,
나비처럼 내려앉는 저들의 춤사위를
혼곤한 낮달이 묵묵히 내려다본다

등불 켠 은행나무에 기대어
지금은 영원을 꿈꾸는 시간

당신에게 전하지 못한 말들이
낙엽 되어 하염없이 떨어져 내린다

비설泌說

빨갱이,
그 언어의 올가미를 끊어내야만 하네

숭악한 시절이었어
재판도 없이, 죽음의 이유도 없이 죽어야 했던
죽음 앞에 소리 내어 울지 못했던
빛바랜 사진 한 장 남기지 못한 채 잊어야만 했던
망각의 세월, 우물처럼 깊네

손가락 총에 궤도가 어긋난 생이 수두룩해

한평생 가슴에 불을 지니고 살아야 했던
어머니와 어머니, 할머니와 할머니들의 생의 통증
삶이 자꾸만 소설 같아서
묻고 또 물었네

― 빨갱이는 당신들이 붙인 이름이야
― 우리는 살기 위해 살았을 뿐이야

마지막 편지*

아들에게 보내는 손수 지은 명주 수의 안에는
옳은 일을 하고 받은 형이니 비겁하게 삶을 구하지 말고 대의에 죽어야 한다고 쓰여 있었다

수의 안에 든 편지를 읽다가
어두운 터널 속으로 들어가야 할 절망을 생각했다

편지를 쓰면서 가슴이 수천 갈래로 찢어졌을 그녀
죽는 날까지 피멍 든 가슴 움켜쥐며
속울음 우셨을 우리의 어머니

조국의 운명을 홀로 짊어지고
저승으로 가는 아들의 죽음 가슴에 묻으며
죽는 날까지 기도로 붙잡은 마음은 벌써 하늘에 닿았겠지

독립운동가의 의로운 죽음이 가슴에 시퍼렇게 내리친다
죽비가 되어

죽비가 되어

불의 앞에서

분노하지 못하는

우리는 이 시대의 누구인가?

*안중근 의사의 어머니 조마리아 여사가 안중근에게 보낸 편지

잃어버린 마을

아름다운 제주의 품속에는
곳곳마다 상한 영혼들이 떠돌고 있다

아직 치유되지 않은 상처가 피어나는 섬
제주에는 무등이왓, 조수궤, 사장밧, 간장리, 삼밧구석 화전을 일구며 정착한 안덕면 동광리 다섯 개의 마을이 칠십여 년 전 사라졌다

1948년 11월, 중산간 마을에 들이닥친 토벌대에게 잡혀간 사람들은 이유도 없이 총살당하고 죽창으로 찔려죽고 매를 맞아 죽어갔다 더 서러운 것은 다음날 새벽의 일이었다 시신을 찾으러 온 가족들을 죽이려 잠복해 있던 토벌대는 나머지 가족들마저 한곳에 몰아 짚더미와 멍석을 쌓아 불을 질러 활활 타오르는 주검을 보면서도 울지 않았다는 것이다 그렇게 화염 속에 죽어간 사람들은 갓난아이부터 열두 살이 채 되지 않은 아이들과 아이의 엄마와 할아버지, 할머니들이었다 마을을 떠난 사람들이 돌아오지 않는 동광리는 그렇게 사람이

살지 않게 되었다

  그날의 학살은 흔적도 없이 빈터만 남은 동광리 마을엔
  꽃들이 피었다 지고
  간혹 사람들이 바람처럼 왔다 간다

선어부비취 善漁夫非取

이십 년 동안 마을 이장을 하신 아버지는
농촌 주거환경개선 운동으로
입식 부엌과 수세식 화장실로 바꿀 때
식구도 많은 우리집만 건너뛰었다

집집마다 마당에서 골목까지
시멘트 포장길이 날 때
우리집 앞 골목은 비에 젖어 질척거렸다
이익보다는 손해를 먼저 가르친 아버지는
남은 모래, 시멘트 한 포대도 가져오지 않았다

나보다 못한 사람을 바라보고 살아야 한다며
우리의 텅 빈 가슴을 따뜻하게 데워주신 아버지
아버지를 이해하기까지 오랜 세월이 흘렀다

레퀴엠 10.29

사고 발생 전날부터
몇 차례 이상 징후 발생했으나 무시됐다

집으로 돌아오지 못한 어제의
밀폐된 심장 소리

소통도 출구도 없었던
얽힌 주검 일 백 오십 구가 발견된
18.24 제곱미터의 공간

그들이 남기고 간
수 백 개의 신발들

우리는
벗어놓은 신발들 앞에서
구조되지 못한 시간을 울었다

1980년, 그 이후

금남로를 사랑했던 열여덟 소년은
주저할 틈도 없이 총을 들었다
이팝꽃 하얗게 피어나는 연초록 오월은
시커먼 장갑차와 군화 소리에 부르르 몸을 떨었다

이팝꽃 흰 꽃잎 위에
피를 토하며 쓰러져간 청년의 눈을 보지 않았다면
가슴은 그렇게 뜨거워지지 않았을 것을
교련시간에 배운 응급처방으로 흰 붕대 대신 잡은 것은
M16 소총이었다지

쓰러져간 사람들을 지키려 잡았던 총은
배고픈 손으로는, 뜨거운 가슴만으로는
결코 지켜주지 못한다는 것을
막다른 골목으로 쫓기며 쫓기며 알았다지

풋내기 어린 소년이었던 오라비를

눈만 뜨면 죽지도 못하게 때린

독기 가득한 계엄군의 눈은

심장도 없이 만들어진 인조인간이었다지

죽음보다 못한 120일의 감옥에서

금남로 오월을 기억하지 말자고 다짐했지만

선명히 떠오르는 푸르딩딩한 죽음들

사십 년, 그 세월이 흘렀어도

뼈마디 욱신거려 잠 못 드는 밤이면

피멍으로 죽어간 푸른 영혼들이 찾아온다고

이제야 쓸쓸한 고백을 하는 내 오라비, 오라버니

정방폭포에서

사소함으로 멀어진 제주의 폭포수 앞에
자꾸 마음이 젖는다

그날, 굴비 두름처럼 묶인 사람들이
절망을 안고 절벽 아래로 떨어질 때
발버둥 치며 눈을 감던 돌멩이들은
핏빛 울음소리 안고 차마 울지 못했으리

끝도 없이 떨어져 내리던 뜨거운 목숨
이해할 수 없었으리

폭포수로 뛰어내린 물컹한 것들이
삶인지 죽음인지
그날, 서귀포의 바다는
피에 젖은 문장으로만 흘러내렸겠지

사월의 시

 제주, 사월을 가만히 불러보면 뭉클, 가슴이 젖어온다

 눈에 담을 수 없는 파란 하늘과 바람, 검은 돌과 까마귀, 중산간 마을, 행방불명, 그리고 산전에 남아있는 무쇠솥과 깨진 사기그릇들

 칠 십여 년이 지난 시간이 사랑이었는지 혁명이었는지 오랜 세월 돌아오지 않는 불온한 사람들은 4·3평화공원 각명비로 새겨졌다 손가락 꾹꾹 눌러 이름을 펼쳐보는 눈에 핏빛 문장이 돈다

 여순 유족을 만나러 다니는 몇 년 동안의 분노가 제주에서 용암처럼 끓어오른다 처절한 역사는 오래 갇혀 신음했고 깊이 만날수록 아팠다

 시간의 무릎마다 슬픔이 오래 깃든 사월의 섬, 나는 제주에서 아름다운 봄을 버렸다

소나무를 알고 있다

 그를 처음 보았을 때 낙락장송 소나무 한 그루를 떠올렸다 오월의 청청한 도심 한복판에 서 있던 그의 눈빛에서 품어져 나오던 푸른 독기, 그는 병들고 지쳐 있었다. 등 뒤에는 검은 거래가 꿈틀거려 가지마다 무거운 눈물방울만 매달려 있었다. 거처를 옮겨야 살 수 있을 거라는 말이 바람소리로 전해졌다. 무거운 짐 훌훌 내려놓고 그는 깊은 산으로 흘러들었다. 그의 품으로 어린 새들의 날갯짓이 찾아들며 바다는 푸른 독경 소리 멈추지 않았다. 해질녘이면 달맞이꽃 피어나는 노을 속에서 흰 파도만 바라보던 날이 많아졌다 바다와 경계한 비탈길에 서서 파도소리로 독기를 품어내는 그는 독야청청 눈부셨다 그의 품에서 회복한 날개를 펼치며 춤을 추는 두루미 한 마리 문득 초야에 묻혀 연금술사가 된 혜강*을 생각했다 나는 그 소나무 한 그루를 알고 있다

 천 년 전에 처음 만난 눈물 같은 사랑.

* 혜강嵇康 : 중국의 도가 · 연금술사, 시인으로 죽림칠현 가운데 한 사람

그동안

한 뿌리에
아홉 가지로 자라는 동안
휘몰아치는 비바람 어떻게 견디며 살았을까

어머니 가신 지 6년째,
어머니 없이 사는 동안
하루도 잊은 날 없는 다정한 아홉 남매가 모여

제사 지낸 다음 날 아침, 둥그런 산소 앞에서
그동안 고마웠다고
그동안 사랑했다고
머리 숙여 고백하고 있다

해설

서사의 변주와 확장

황선열(문학평론가)

1. 시의 지평

오미옥의 두 번째 시집의 초고를 읽으면서 어딘지 모를 새로운 시적 변화의 조짐을 느꼈다. 그녀의 시편들을 찬찬히 읽어보니 자기의 세계에 머물러 있던 경험들이 바깥으로 열리고 있다는 것을 확인할 수 있었다. 그것은 시적 지평의 확장이라고 할 수 있다. 서정시가 외연을 확장한다고 해서 무작정 좋은 것이라고 할 수 없을지는 모르지만 그 외연의 확장이 지나친 기교주의에 빠진다든지, 낯선 언어를 억지로 끌어들인다든지, 시적 형식과 방법론을 지나치게 새롭게 하려고 한다면, 그 시적 확장은 외려 나쁜 영향을 가져올 수도 있을 것이다. 시가 문예미학이라는 관점에서 시의 확장은 새로운 시어와 표현 기교, 시적 방법론의 새로움을 찾아가는 것이라고 할 수 있다. 그러나 새로움이 시인의 시적 바탕과 어울리지 않는다면, 그 새로움은 시적 의미를 얻지 못하게 된다. 시의 바탕을 견고하게 하고 제 몫에 맞는 시적 새로움을 찾아간다면 그것은 의미가 있는 시적 확장이라고 할 수 있을 것이다.

오미옥의 시는 서정의 형식을 빌리고 있지만, 그 서정의 바탕에는 이야기가 깔려 있다. 첫 시집은 개인의 소소한 일상을 담아내거나 가족들의 이야기를 담아내는 시를 주로 썼는데, 이번 시집에서는 이야기라는 공통점을 갖고 있으면서도 그 이야기가 확장되고 있다는 것을 알 수 있다. 그런데 이야기의 확장이 자기만의 시적 세계를 견지하면서 주관적 서사에서 객관적 서사로 나아가기 때문에 시적 의미가 깊어지고 있다고 말할 수 있다. 사실 서정시는 주관적 정서를 표현하는 장르이기 때문에 자칫 개인이나 가족서사라고 하더라도 지나치게 개인의 감정에 빠져들 수 있기 때문에 시적 의미가 축소되거나 왜곡될 가능성이 있는 것이다. 더구나 시적 방법론이나 언어의 기교를 드러내는 서정시가 아니라, 개인의 체험을 담아낸 서사 형식의 시는 개인의 체험을 억지로 독자들에게 전달하려는 혐의를 벗어나기 어려울 수도 있다. 이 때문에 서정시는 객관적 서사와 주관적 서사의 긴장을 잘 유지하면서 개인의 서정을 표현하는 것이 무엇보다 중요하다.

오미옥의 이번 시집은 여러 가지 측면에서 중요한 지평을 확보하고 있는데 그중에서도 서사의 변화는 가장 눈여겨보아야 할 부분이 아닌가 생각한다. 우선 첫 번째 시집이 개인의 가족사가 주로 어린 시절에 겪었던 체험을 바탕을 하면서 회고의 방식을 취하고 있다면, 이번 시집은 그 체험의 영역이 현재의 삶까지 이어지고 있다는 것이다. 이는 첫 번째 시집에서 보여주었던 시적 의미 영역이 더 깊고 넓은 곳으로 확장하고 있다는 것을 보여주는 것이라고 말할 수 있다. 다음으로 이번 시집은 개인 서사뿐만 아니라, 사회서사로 이야기가 확장되고 있다는 것이다. 이 부분은 그녀의 시적 변화 중에서 가장 중요한 변화라고 할 수 있다. 그것은 개인의 아픔을 극복하고 사회적 아픔을 끌어안는 포용의 마음이라고 할 수 있다. 주관적 서사에만 머물지 않고 객관적 서사로 나아갔다는 것은 그녀의 시가 앞으로 어떤 변화와 확장을 보일 것인지를 예감할 수 있는 중요한 지점이라고 생각한다. 이 글은 그녀의 시에서 가족서사에서 사회서사로 나아가는 의미를 중심으로 그녀의 시적 변화와 확장의 문제를 살펴보는 데 무게를 두려고 한다.

2. 시의 근원

이번 시집에서도 그녀의 시는 첫 시집에서 보여주었던 가족서사의 관점을 크게 벗어나지 않고 있다. 그녀의 시적 바탕이 되는 가족은 그녀의 시가 어디에 근원을 두고 있는지를 잘 보여주고 있는 것이라고 할 수 있다. 이를 두고 모성이라고 간

단하게 말할 수도 있지만, 다르게 보면 그녀의 시는 가족이라는 작은 울타리를 통해서 세상의 문을 바라보고 있다고 말할 수 있을 것 같다. 그녀에게서 가족은 세상으로 나아가는 길목에 있다. 그 길목은 어쩌면 그녀가 삶을 살아가는 모든 출발점이기도 할 것이다. 사실 가족은 자신의 정신과 몸을 수양하는 바탕이 되는 공간으로서 같은 혈연 집단이 살아가는 떨어질 수 없는 공간이다. 『대학(大學)』에서는 이를 두고 큰 학문으로 가는 길이 자신의 몸을 수양하는 데 있으며, 몸을 수양하고 나서 비로소 가족이 있고, 가족을 가지런하게 하고 난 뒤에 나라는 다스리고, 나라를 다스리고 난 뒤에 천하를 다스릴 수 있다고 했다. 가족의 자리는 삶의 바탕이 되는 자리이고, 그 자리를 지키는 것이야말로 세상을 지키고 다스리는 근원이 되는 것이다. 오미옥의 시는 이 가족이라는 근본 바탕을 벗어나지 않고 있다. 그 근본 바탕이 지켜지는 것은 그녀의 마음에 궁극으로 자리잡고 있는 내면의 수양에 있다. 그녀는 가족이라는 구성체를 이루는 근본이 되는 것이 모성이라는 것을 알고, 그 모성의 감성으로 세상 만물을 만나고 있다. 그러니 그녀의 시에 나오는 일상의 경험들은 이 모성을 바탕으로 하지 않는 것이 없다고 말할 수 있다. 다음 시를 살펴보자.

    얼마만큼 순해져야
    네 소리에 가까이 갈 수 있나

산벚꽃 피는 소리를 듣지 못 했느냐고
산벚꽃 지는 소리마저 못 들었느냐고
내 안의 생이 자꾸 물어 온다

내가 감당해야 할 절망을
앞서 걷는 당신은 알기나 한 건지
서러운 봄날,

그러니 어쩌랴
산벚꽃 피는 자리에서 실컷 꽃구경이나 하자고
마음 환해져서 내려오는 길

누군가 버리고 간 깨진 흙피리
주워 보니 새 울음소리가 난다

새의 울음을 줍는다
―「소리를 줍다」 전문

이 시는 산벚꽃을 보러 간 길에 보았던 풍경을 서술한 시이다. 이 시의 중심 시어는 소리이다. 첫 구절에서 네 소리에 가까이 다가가려고 하는 것은 상대방에 대한 배려와 이해다. 그를 이해하기 위해서 그의 소리를 들어야 한다고 말하고 있다. 그의 소리는 산벚꽃이 피고 지는 소리와 같은 자연의 소리이다. 그 자연의 소리를 듣기 위해 산으로 갔지만 그 소리의 행방을 찾을 수 없어서 내려오는 길에 우연히 주운 흙피리 속에서 새 울음소리를 듣는다. 소리는 보이지 않는 것이라서 주울 수가 없다. 그러나 흙 피리 속의 소리는 사물 속에 들어 있는 소리인지라 주울 수 있는 소리이다. 그녀가 찾고 있는 소리의 정체는 내면의 소리이다. 내면의 소리를 찾아서 가는 길은 자신을 찾아가는 길이다. 그녀는 끊임없이 내면의 소리에 귀를 기울이면서 자신을 찾아가려고 한다. 그녀가 귀를 기울이고 듣고 있는 내면의 소리는 수신(修身)의 소리이다.

「안과 밖」에서도 자신의 내면을 성찰하고 있으며, 「한 마리 물고기가 되어」에서는 단식하는 운동 요법인 붕어운동을 통해서 탁한 영혼의 소리를 듣고 있다. 「붉은 숲」에서 그녀는 붉은 숲에 들어서 자신의 내면을 들여다보고 있다. 그녀는 단풍나무 숲에서 한 평생을 저렇듯이 붉게 살다 갈 수 있는 마음을 갖기 위해서 단풍나무 숲을 오래도록 들여다보고 있는 것이다. 단풍이 물든 숲에서 그녀는 한때를 붉게 물들이는 숲의 위력을 발견하고 있다. 그 숲의 위력과 같이 자신의 내면을 다듬어가려고 한다. 그녀의 시는 일상의 풍경들이 모두 자신의 내면을 비추는 거울이 된다. 이처럼 그녀는 어떤 순간에서도 자신을 돌아보면서 대상을 자기와 동일시하고, 그 대상으로부터 배우려고 한다. 이 겸허한 마음이 그녀가 취하는 삶의 자세이다. 「천둥소리 하나쯤」에서는 시인으로 살아가는 자신에 대한 반성과 성찰이 더욱 도드라지게 나타난다. 그녀의 마음은 "건성으로 사는 날이 많아지고/ 정성을 다하지 못한 마음을 애써 변명한다 해도/ 나를 용서하면 안 되는 것이었다"라는 강한 의지로 나타나기도 하고, 그 마음은 결국 "마음의 천둥을 달아/ 천둥, 천둥/ 천둥소리로 나를 깨워야 할 텐데"라는 다짐으로 이어지고 있다. 그녀는 일상의 삶 속에서 철저히 성찰하는 마음으로 살겠다고 말하고 있다. 그것이 그녀가 살아가는 삶의 바탕이고, 시정신이 아닐까 생각한다.

그녀의 일상이 성찰과 반성이 바탕을 이루고 있다는 것은 덧붙일 여지가 없다. 이 내면의 성찰은 가족에 대한 극진한 사랑과 함께 그녀의 시를 이루는 두 개의 중심축이 된다. 가족에 대한 사랑이 남달랐다는 것은 이미 첫 시집에서 충분하게 보여주고 있지만, 다음 시는 그 가족서사의 연장선상에 놓여 있는 시이다.

맛있는 사과를 선물 받았다 풋사과의 알맹이를 만지면 금방이라도 푸른 눈물이 흐를 것 같다 입추를 며칠 남겨두고 가지를 일찍 떠나온 사과의 시간을 생각했다 햇빛과 바람으로부터 떨어져나온 어린 사과를 눈앞에 두고 본다 한 쪽 볼이 조금 시무룩하게 부풀어 있다 아직은 햇빛을 더 그리워해야 하는 몸 구석구석을 따뜻하게 어루만진다 여린 사과의 감촉이 부드럽다 일찍 내 곁을 떠나 혼자 살림하며 직장에 다니는 딸아이처럼 안쓰럽다 연민처럼 번지는 사과 한 알을 딸과 마주 앉아 먹는다 풋풋한 사과 맛이 입안 가득 고이는 한여름의 아침

사과를 사러 다닌 그 사람의 발목 같은 깡치만 남기고 사각

사각 사과의 시간을 베어 먹는다
—「풋사과의 시간」전문

  이 시는 아직 덜 익었지만 맛있게 보이는 풋사과를 먹으면서 그 여린 사과의 감촉에서 어린 딸을 생각하고, 그 어린 딸이 혼자 살림을 하고 살아가는 것을 보고 느낀 연민의 감정을 잘 표현하고 있다. 이 시는 풋사과라는 사물을 놓고 조곤조곤 사유하고 있는 것을 섬세하게 풀어쓰고 있는 전반부와 한 행으로 마무리하고 있는 후반부가 잘 조화를 이루고 있다. 그녀의 시가 새로운 시적 형식으로 나아가고 있다는 것을 설핏 보여주기도 하면서 풀어쓰는 방식을 통해서 그녀의 감정을 더욱 섬세하게 보여주기도 한다. 그녀의 시적 지평이 놓인 자리는 이러한 근본주의에 있다. 그녀의 시가 가족서사를 중요한 근원으로 삼고 있는 까닭도 세계의 질서를 이루는 근본으로서 가족을 바라보기 때문이다. 그녀가 어머니의 서러운 삶 속에서 여성의 삶을 반추하려고 하는 까닭도 여기에 있다. 가족서사는 주로 과거의 회상을 드러내는 시들로 이루어져 있다. 「큰절」은 가족서사의 한 장면을 잘 보여주고 있다. 외할머니가 어머니에게 했던 정성을 고스란히 담아내고 있다. 외할머니는 부잣집이라고 해서 딸을 시집을 보낸 일이 마음에 걸려서 평생 밥상 위에 밥그릇을 올리고 식사를 하시지 않았다고 한다. 그녀는 어머니가 외할머니께 큰절을 올리는 숭고한 장면을 본 적이 있다. 그 어머니에게 세상에서 가장 낮고 곱게 큰절을 올리고 싶으나 이미 어머니는 땅속으로 거처를 옮기고 말았다. 또한, 「메주 쑤던 날의 추억」도 어린 시절 메주를 쑤던 추억을 떠올리며 쓴 시이다. 아홉 남매가 모여서 메주를 만들고 싶은 소망은 어린 시절의 추억을 불러오는데 그치는 것이 아니다. 그 일상으로 움츠러든 뼈를 키우고 싶은 것이다. 그녀의 시에서 과거의 일은 현재의 자신을 살찌우고 뼈를 튼튼하게 하는 일이라고 생각한다.

그런데 이번 시집은 그 가족서사가 확장되어 가고 있다는 점에서 다르게 읽힌다. 그녀의 가족들에게 주어졌던 현실이 그저 가족의 일만이 아니라는 인식을 보여주고 있다는 점이다. 외할머니의 삶이 여성의 삶을 상징적으로 보여주듯이 그녀의 가족들이 겪었던 일들은 단순한 가족의 일이 아닌 것이다. 이러한 인식이야말로 새로운 시적 동기를 부여하는 기제가 되는 것이다. 다음 시는 이러한 새로운 길로 들어서는 길목에서 만날 수 있는 시이다.

> 어릴 적 담장이 없던 우리집
> 아버지는 울타리에 쥐똥나무를 심었다
>
> 환한 봄꽃들 다 지고 나면
> 우리집 생울타리에는
> 작은 몸으로도 진한 향기를 품은

쥐똥나무 흰 꽃들이 쌀밥처럼 피어났다

희고 단아한 그 꽃들,
달뜨는 오뉴월의 밤
달빛 아래 처연하게 피어나는 꽃들 사이로
바람 따라 번져오던 아릿한 슬픔의 향
고등학교도 못 가고 옥양목 흰 천에 수놓으며 밤마다 울던
언니는
학교에 갈 수 있다는 친구 말에
아버지에게 다듬잇돌 아래 몰래 편지 한 장 써놓고 집을 떠나
가리봉동 한일합섬에 취직을 했다

언제라도 다시 돌아올 것 같던
언니의 빈자리 대신
쥐똥나무 흰 꽃이 탐스럽게 열리던 그해
우리는 봄과 여름 사이에서
쥐똥나무 향기에 취해 잠이 들곤 했다

지금은 사라진 그 울타리
그때는 이름도 몰라 좁쌀 꽃나무라고 불렀던
쥐똥나무가 있던 자리에 서면
언니가 남기고 간 편지를 품고
하루, 이틀 달력을 세던 우리들의 시간이
쥐똥나무 흰 꽃으로 피어난다
　　　　　　　―「쥐똥나무가 있던 울타리에서」 전문

이 시는 다소 사연이 긴 서사로 이루어져 있다. 이 시의 첫 부분은 울타리가 있던 어린 시절을 불러들이고 있다. 이 시는 무엇보다 흰 꽃의 이미지가 강렬하게 다가오는 시이다. 찔레꽃의 사연만큼이나 극적인 가족사가 이 시에 서술되어 있다. 1907년대 가정 형편이 어려운 시골에 살던 젊은이들은 도시의 노동자로 일하러 나갔다. 농촌이 붕괴되는 현실 속에서 농촌의 청년과 여성들은 야간 학교를 다니는 꿈을 가지고 도시로 나갔다. 이 시는 가족사를 다루고 있지만 그녀가 겪었던 시대의 문제를 다루고 있다. 이 시는 어렵던 그때 그 시절의 한이 오롯이 시로 형상화되어 있다. 언니의 편지 속에 깃들어 있는 의미는 학교를 가기 위해서 여공으로 취직할 수밖에 없었던 한 시대의 아픔이 들어 있다. 쥐똥나무 울타리에 같이 살던 언니의 삶은 가리봉동 한일합섬에 취직을 해야만 고등학교에 갈 수 있었던 그 시대 공순이 공돌이의 삶이라고 할 수 있다. 이 시는 그녀의 시에 나오는 가족서사가 단순히 가족서사로 머물지 않고 있다는 것을 잘 보여준 작품이라고 할 수 있다. 다음 시는 그녀의 가족서사가 사회서사로 나아가는 길목에서 만날 수 있는 작품이다.

> 퇴근을 한 시간여 남겨두고
> 옆 사람이 자리를 비운 사이
> 배합기에 빨려 들어간 그녀

열두 시간, 그녀는 졸음을 참아가며 식자재 15킬로 무게를
밤새워 나르고 치킨 오백 봉지를 까야 하는 것은 일상이었다
밤새워 일하던 스물셋 그녀의 죽음을 듣는 아침

　　그녀의 밤샘 노동으로 만들어진 빵들
　　빵집의 달콤함을 기억하는 나는
　　서릿발을 맞은 듯 한기가 서린다

　　자본주의 입맛에 길들여진 나의 식성을
　　끊어야 할 때가 온 것일까
　　마음속 생의 반란이 시작되었다

　　스물셋 그녀는 곧 잊혀
　　나는 다시 빵집을 기웃거릴 테지만
　　식도를 타고 올라오는 메스꺼운 아침

　　그녀를 열 달 동안 품어 낳고 기른
　　한 여자를 생각한다
　　어쩌나
　　—「그녀는 스물셋이었다—SPL 제빵공장 20대 여성의 죽
음을 생각하며」 전문

　이 시의 부제는 "SPL 제빵공장 20대 여성의 죽음을 생각하며"이다. SPL 제빵공장은 파리바게트와 던킨도너츠로 유명한 국내 제빵기업 SPC 계열사이다. 이 사고는 2022년 10

월 15일 오전 6시 20분경, 경기도 평택시에 위치한 SPL 제빵공장에서 근무하던 직원 A씨의 앞치마가 샌드위치 소스 배합기 기계에 빨려 들어가 상반신이 끼여 그 자리에서 숨진 사고였다. 두 명이 한 조가 되어 작업을 해야 하는 일을 혼자서 일을 하다가 사고가 났다. 그후 이 사건은 한 때 사회적 이슈가 되기도 했다. 이 시는 제빵공장 여직원을 죽음을 말하고 있지만 그녀의 시선은 우리 사회의 모순을 고발하기도 하지만 무엇보다 그녀를 열 달 동안 품어 낳고 기른 그 여성의 어머니를 생각하며 가슴 아파하고 있다. 이 시에서 화자는 스스로 자본주의 입맛에 길들여지면서 제빵공장 노동자의 고통을 모르고 살았던 자신을 돌아보기도 한다. 그녀의 가족 서사는 이렇게 확장되고 있다.

그녀의 시가 가족서사를 구체적으로 보여주는 시들도 있지만, 「가을」과 같은 시에서는 계절적 배경자체가 갖고 있는 쓸쓸함을 배경으로 하고 있다. 그 울음을 함께 하려고 하는 그녀의 마음을 잘 읽을 수 있다. 이런 보편적 감성은 「당신을 사유하는 일」에서 당신은 누구를 지칭하는지 모호하지만 그 당신은 삶의 페이지 마다 눈물이 고이게 하는 사람이다. 당신은 삭아서 엉겨 붙은 검정 고무줄 몇 가닥과 빛바랜 속옷을 남기고 있는 사람이다. 그 사람 때문에 불편한 일생을 살았지만 당신이 그리워지는 날이 더욱 많았던 사람이다. 그 사람은 절절히 그리운 사람이다. 이 시는 가족서사이기도 하고, 사회서사이기도 하다. 왜냐하면 이 시에서 지칭하는 당신의 실체는 보편성을 갖기 때문이며, 모성과 같은 감성으로 세상을 바라보는 그녀의 시는 세상의 모든 아픔을 끌어안으려고 하기 때문이다.

3. 서사의 변주

그녀의 가족서사는 사회적 모순에 대한 문제로 나아간다. 이것이 그녀의 서사가 변주되는 지점이다. 그녀의 시가 가족 이야기에서 사회적 문제의식을 말하는 서사의 변주로 나아가는 것은 그녀의 시가 시인으로서의 소명의식을 갖는다는 말로도 받아들일 수 있고, 다른 한 편으로는 그녀의 시가 앞으로 나아갈 새로운 방향을 보여준다는 뜻으로 받아들일 수 있다. 어떻든 그녀의 시가 바뀌고 있다는 것은 첫 시집에 안주하지 않는 시적 노력이라고 할 수 있다. 시인은 시대적 흐름에 민감해야 하기도 하지만 또한 시대에 너무 빠져 들어서 시류(時流)에 휩쓸려서도 안 된다. 이 때문에 시인은 시대에 맞서는 긴장과 이완의 조율이 중요하다고 할 수 있다. 그녀의 시는 가족이라는 구체적인 집단에 대한 애정과 모성으로서의 근원적 생명의식을 바탕으로 하고 있다는 점에서 사회서사로의 변주가 급격한 시류에 휘둘리는 시적 방법론이라고 말할 수 없다. 외려 그녀의 시적 변주는 그녀의 사회적 경험이 바탕이 된 것이 아닌가 생각한다.

　봄햇살이 푸르다

　지천명이 넘은 나이에도 채 여물지 못한 나는
　막 피어나는 저 여린 풀잎 앞에서
　대책 없이 자꾸 눈물이 난다

　삶은 매번 굴절되는 시간 같아서
　바람의 사원에 든 미황사 시인을 만나러 가는 사월
　바람의 경전 소리는 들리지 않고
　풀씨처럼 내 안을 날아다니는 봄날의 소요를 본다

　한 생의 봄날, 그 짧은 시간 속에서
　세상을 떠나간 시인의 집을 걸었다
　그들의 지나간 생은 맑고 차가웠다

　책꽂이의 손때 묻은 낡은 책들을 어루만지며
　세상의 상처와 배신에도 꿋꿋했던 시인 앞에서
　결기를 다지는 봄날

　뒤란 마루에 선 동백나무 한 그루
　윤기 흐르는 잎사귀마다 시인의 눈동자가 어려
　말랑해진 나를 두드렸다

　어느 해 봄날

그대의 샘가로 날아와 뿌리를 내린 어린 자귀나무 한 그루
어디서 날아온 건지 알 수 없는 봄날의 반란,
나, 그대의 씨앗일 수 있다면
—「내가 너의 씨앗일 수 있다면」 전문

 이 시는 가족에 대한 순정한 사랑이 그녀의 시적 행보에 어떤 영향을 끼치고 있는지를 잘 보여주고 있다. 이 시의 화자는 세상의 상처와 배신에도 꿋꿋했던 시인의 정신을 배우려고 한다. 봄날의 정취가 한껏 흐르고 있는 미황사에서 화자는 시인의 눈동자를 떠올린다. 그 시인의 정신을 배우기 위해서 화자는 기꺼이 그대의 씨앗이 되려고 한다. 이 시는 그녀의 시적 변주가 어디에서 시작하고 있는지를 확인할 수 있는 시이다. 한 시대의 흐름에 따라 휩쓸려 가지 않으려고, "세상의 상처와 배신에도 꿋꿋했던 시인"의 시 정신 앞에 다짐을 하고 있다. 가족이라는 울타리를 벗어나면서 그녀는 모든 세상을 가족과 같은 마음으로 접근하고 있다. 불의와 같은 것을 용납하지 않는 정신이 그녀의 시적 바탕을 이루고 있기 때문에 그녀의 사회적 서사는 더 깊은 공감을 가질 수 있게 되는 것이다.

남편도, 아들도 잃은 어머니는
추운 겨울밤에도
저고리를 벗은 채 창문을 열어야 잠이 들었다

경찰서에 불려가 생동백나무 몽둥이로 맞고 돌아온 밤이면
어머니 온몸에는 붉은 동백이 피어났다

몸뚱어리마다 동백꽃 피우던 어머니는 가고
세상에 혼자 남아 빨갱이 딸로 도장 찍힌 나는
네 살 때 잃은 아버지 얼굴 기억하지 못해도
파출소에 수시로 불려가 감시당했다

내 마지막 소원은
아버지 이름에 찍힌 붉은 도장 지워내는 일
천근 같은 억울한 누명 벗겨낼 수 있다면
해마다 동백꽃 피는 계절이 와도 서럽지 않으리
온몸에 열꽃처럼 동백꽃 피우며 살다 간 어머니
그 동백꽃 눈물로 바라보지 않으리

-「동백꽃 피는 어머니」 전문

이 시는 여순 사건으로 남편과 아들을 잃은 한 여인의 삶을 그리고 있다. 그 사건으로 경찰서에 불려가서 취조를 받고, 생동백나무 몽둥이로 맞기도 했다. 그녀의 마지막 소원이 아버지 이름에 찍힌 붉은 도장을 지워내는 일이었지만 그 소원을 이루지 못하고 죽음의 길로 떠났다. 이 어머니의 한은 그녀의 가족들이 겪었던 삶과 중첩되면서 동일시되고 있다. 그러나 그 동백꽃을 눈물로 바라보지 않겠다는 의지를 다진다. 여순 사건 증언록을 채록하는 과정에서 수많은 여순 피해자

를 만났던 그녀의 체험이 잘 나타나 있다. 그분들의 삶이 결국 시인의 어머니의 삶과 닿아 있고, 그것이 지난 시대의 우리 사회라는 사실을 깨닫고 있는 것이다. 「숨죽여 부르던 이름들」에서도 여순 사건의 아픔이 잘 나타나 있다. 수모와 치욕의 역사를 살아야만 했던 그들의 이름들을 "얼레지, 노루귀, 바람꽃, 개망초, 물봉선, 구절초, 쑥부쟁이"로 되살아나고 있다고 생각한다. 그녀가 바라보는 여순 사건은 한과 죽음으로 끝나는 것이 아니라, 환생하고 부활하고 있다. 이는 그녀가 세상을 바라보는 시선이기도 하다. 그녀는 세상을 사랑으로 포용하고 있다. 그녀는 세상의 아픔을 딸아이를 품는 엄마의 마음으로 끌어안고 있다. 이 무궁한 사랑이 그녀가 사회서사를 바라보는 관점이다.

> 스무 살, 꽃보다 고운 새댁은
> 만삭이 된 몸으로 찬 서리 내린 논두렁에 엎드려 매를 맞고도 대를 잇기 위해 엄마를 꼭 붙잡고 태어난 아이를 차마 버릴 수가 없었다
>
> "아들 하나가 목에 탁 걸려서, 내가 낳은 새끼 어디 가서 눈치 안 보게 할라고 시집가라는 어른들 말을 다 무시하고 살았어요"
>
> 느릅나무 껍질처럼 늙은 스무 살 곱던 새댁의 기다려온 세월이 깊다

"이 나이 되도록 안 온 거 보면 죽었겄지라. 난 괜찮은디 지 애비 얼굴도 모르고 자라게 해서 항시 미안한 마음만 들어요"

어린 아들 품에 안고 숨어서만 몰래 불러본 이름, 달과 함께 울었던 이름
─「숨어 우는 달」 전문

이 시는 증언록 채록을 하는 장면을 그대로 인용하고 있다. 스무 살 꽃다운 나이에 내가 낳은 새끼를 키우기 위해서 다른 곳으로 시집을 가지 않고 혼자 살았던 운명과 같은 여인의 한을 누가 알아줄까. 그녀는 그 여인의 한을 위로하고 있다. 달과 함께 울었던 그 여인의 슬픔을 함께 하려는 그녀의 모습에서 순정한 사랑을 확인할 수 있다. 「꽃잎의 주소」에서는 상처 투성이인 사람들의 마음을 "어머니 마음으로 안아주라"고 말하고 있으며, 그들의 삶을 통해서 자신의 하루를 반성하고 있다. 이 시에서와 같이 그녀는 세상의 아픔을 어머니의 마음으로 위로하고 있다. 「나는 장돌뱅이 13살 순이였다」는 다소 긴 사설조 시인데, 여순 사건으로 풍비박산이 된 한 가족을 다루고 있다. 아버지는 효곡 사람들 틈에서 굴비처럼 엮어 끌려가서 죽고, 아버지의 죽음을 보고 충격을 받은 어머니는 사생아를 낳고, 그 동생을 할아버지와 함께 묻어주고 내려와서는 마루장 속에 숨어 사는 오빠와 산후병으로 고생하는 엄마를 위

해 장돌뱅이가 되어 가족의 생계를 책임져야 했던 외동딸 순이. 그녀의 일생은 말 그대로 처참한 삶의 길이었다. 순이의 이야기는 그녀의 가족 이야기가 아니지만, 순이 가족의 사연을 마치 그녀의 가족이 살았던 삶과 같은 마음으로 받아들인다. 긴 사설조의 가락과 같은 서사를 읽으면 그녀의 시적 변화와 의미가 더 곡진하게 다가온다. 첫 번째 시집에서 보았던 가족의 이야기가 다른 가족의 서사로 옮겨지면서 그들과 공감하고 있는 그녀의 감성이 시적으로 승화되고 있다. 이 시에서 말하고 있는 순이의 사연을 읽고 눈물을 흘리고 있는 화자의 마음이 시의 행간에 스며들어 있어 읽는 내내 그녀의 손을 붙들어 주고 싶은 생각이 든다.

「아직 묻지 못한 말」은 오월 광주민주화 운동으로 피해를 입은 오빠의 이야기다. 감옥에서 겪은 일로 유리구슬처럼 눈망울이 반짝이던 오빠의 눈동자가 빛을 잃게 되었다. 그 사연을 묻지도 못하고 살았던 긴 세월의 한을 형상화하고 있다. 그녀의 사회서사는 굴곡진 삶을 살았던 사람들의 이야기로 가득하다. 그들의 아픔을 함께 하려는 그녀의 시적 의지일 것이다. 「통점」도 광주형무소에서 수의도 없이 죽은 어느 아버지의 이야기다. 빨갱이라는 오라에 묶여서 평생을 살았던 가족은 오랜 기억 속의 일들을 들추어낼 때마다 몸서리를 친다. 여순 사건으로 죽은 가족의 이야기다. 망백(望百)을 바라보는 나이까지 한을 안고 살았던 그 어머니의 삶을 읽다가 "그만,

내가 젖고 말았"다고 고백한다. 그 어머니의 삶과 자신의 삶이 다르지 않아서 그녀는 그 어머니의 사연을 듣는 순간 눈물을 감출 수 없었던 것이다.

이런 사회적 서사는 「소리없는 통곡」, 「안부를 묻다」, 「울음소리」, 「비설秘說」, 「저 노란 은행잎들」과 같은 작품으로 형상화되고 있다. 이들 작품은 대개 여순 사건으로 남은 사람들의 한 많은 삶을 그린 작품들이다. 여순 사건에 희생된 사람들과 이야기를 나누다 보면, 그 사람들은 그때의 이야기를 꺼내기만 해도 울고 묻기만 해도 울기만 하는 사람들이다. 그 사람들의 증언을 들으면서 화자는 "당신의 살아온 생이 명치끝에 걸려/ 함께 울었다"고 고백한다. 그녀는 무궁한 사랑의 마음으로 고통받는 사람들을 끌어안으려고 한다. 그것은 「마지막 편지」에서 "불의 앞에서/ 분노하지 못하는/ 우리는 이 시대의 누구인가?"라는 물음으로 이어진다. 그녀가 사회적 문제의식을 바라보는 시선은 불의에 저항하는 것이고, 그 저항에 분노하는 것이 다. 이처럼 그녀의 사회서사의 끝 지점은 불의에 분노하는 시정신이라고 할 수 있다.

4. 변주의 의미

그녀의 시적 변화는 가족서사가 사회서사로 그 내용이 변화했다고만 해도 그 시적 의미가 충분히 확장되었다고 할 수 있다. 그런데 이번 시집은 단순히 서사의 관점과 내용만 변화했다고 할 수 없는 성과가 있다. 그것은 내용의 변화를 넘어서는 형식의 변화가 중요한 지점을 차지한다는 것이다. 익히 알다시피 시는 내용과 형식, 그리고 표현 방식으로 이루어져 있다. 내용의 변화는 시적 소재의 변화라고 할 수 있고, 형식의 변화는 시적 기교의 변화라고 할 수 있으며, 표현 방식의 변화는 시적 방법론의 변화라고 할 수 있다. 시적 변주는 자칫 지나친 기교주의로 흐를 수도 있기 때문에 경계하지 않으면 안 되는 것이다. 그런데 이번 시집에는 시적 변주가 새로운 시적 가능성으로 열려 있다는 점에서 긍정적으로 받아들일 수 있다. 그 변화의 지점에 있는 시 한 편을 읽어보자.

할머니 고모네 가고 없는 심심한 봄날,
엿장수의 가위질 소리가 낭창낭창하게 집 앞까지 울려 퍼졌다

엿을 사 먹을 빈 병도, 놋쇠 그릇도 없는데 마루 위에 놓인 할머니의 흰 도자기를 엿과 바꿔준다는 엿장수 말에 꽂아놓은 고운 진달래를 내팽개치고 엿가락 스무 개와 바꿔 동네 아이들과 속이 데리도록 엿을 먹으며 꿈같은 하루의 봄을 지냈다

단내나는 세상을 꿈꾸는 일이란 깨진 꽃병 하나로도 충분하다는 것을 엿장수 아저씨는 가르쳐 주었다고 우리는 몇 번이나 고마워했던가. 꽃 그림도 없는 무색의 꽃병 하나면 그 많

은 엿을 먹을 수 있을 거라는 기대로 친구들과 함께 학교에 가지 않은 날이면 산 아래에 있는 가마터에 가기로 약속을 했다 우리는 매일 엿가락처럼 달콤한 맛을 즐기며 살 수 있을 거라는 기대로 꿈을 꾸기 시작했다

그러나 달콤함은 오래가지 않았다

몇 대째 내려온 백자를 잃어버린 할머니는 오랜 구박을 끝내지 못했다 주둥이가 깨진 흰 꽃병으로만 생각하여 산에서 꺾어온 진달래를 담기에 안성맞춤으로 점찍은 그것이 그렇게 귀한 것인 줄 몰랐기에 엿과 바꿔 먹어버린 나는 다시는 진달래를 꺾어 집으로 가져오지 못했다 그날 이후로 수소문해도 찾을 수 없었던 엿장수는 끝내 오지 않았지만 나는 오래도록 기다리고 기다렸다

값으로 매길 수 없을 만큼 귀한 그릇이기보다는 깨진 항아리를 엿과 바꿔준다는 엿장수 말에 곱디고운 진달래꽃이 주는 기쁨을 팔아 내팽개쳐버린 자존심 때문에 어린 날 나의 봄이 그토록 서러웠다는 것을 아무도 모른다

우묵한 백자 항아리에 다시 담을 수 없는 봄을 생각하면 서러움이 인다
—「아주 오래전의 봄」 전문

이 시는 이번 시집에서 도드라지게 보이는 형식의 변화를 잘 보여주고 있는 시편이다. 이 시는 운문이 가진 시적 형식

이 아니라, 산문 형식의 시편이다. 이 형식의 변화는 이번 시집의 시적 의미를 깊게 하는 시적 방식이다. 이 시는 엿장수에게 흰 도자기와 엿을 바꾸어 먹었던 추억을 떠올리고 있다. 그 도자기는 몇 대째 내려오는 귀한 물건이었는데, 그 도자기를 엿과 바꿔 먹었다는 이야기다. 이 이야기는 재미있는 이야기 한 토막인데, 시적 압축을 하지 않고, 풀어쓰고 있다. 그녀의 시적 형식의 변화는 이러한 사설조의 변화에 있다.

당신이 참 미욱할 때가 있다

겨우내 올라온 시금치, 쪽파들 삐들삐들 말라가는 밭을 보면서 이리저리 비의 지문을 찾는 모습들이며 구름 쪽으로 매화나무 가지를 끌어당기는 당신의 떨리는 손

해독할 수 없는 자연의 현상들

제초제 한번 한다고 환경오염 되겠냐 볼멘소리하는 당신에게 단호했던 말들. 봄이 와도 새는 울지 않을 거라고 가만히 앉아 책이나 뒤적거리며 얼마나 많은 잔소리 늘어놓았나 아, 저만큼에서 아픈 무릎 구부리며 풀을 뽑던 당신에게 비구름이 몰려온다

당신을 위로하는 호흡 사이, 흐르는 물줄기 찾아 샘을 파던 날 지하로 관이 들어가는 아득한 시간만큼 우린 또 얼마나 애달팠던가 흰 돌가루 뒤집어쓰고 순간 솟아오르는 물줄기, 메

    마른 나뭇가지 사이로 금방 생기가 돌았다

   물줄기 찾아 헤집은 뒤뜰 마당에 선명하게 자리 잡은
   흉터 하나
                            - 「아득한 가뭄」 전문

 이 시에서 우리는 시적 행간이 잘 짜여진 구조로 나타나고 있다는 것을 확인할 수 있을 것이다. 이 시는 서정시인 것 같은데도 서사를 담아내고 있으며, 서사인 것 같은데도 서정의 형식미를 갖추고 있다. 일종의 갖춘마디와 못 갖춘마디가 뒤섞여 있다. 이는 판소리 형식의 사설조라고 할 수 있는데, 가뭄이 들어서 물줄기를 찾아서 뒤뜰을 헤집은 흔적이 흉터로 남아 있다는 내용이지만 이 시의 시적 성과는 매우 높다. 첫 문장이 주는 쓸쓸함과 원망이 마지막 행의 흉터 하나까지 이어지는 조화가 이 시의 형식미이다. 또 하나 이 시는 단행의 문장과 사설조의 문장을 한꺼번에 쓰고 있다는 것이다. 장조(長調)와 단조(短調)가 서로 어울리면서 호흡이 조화를 이룬다. 조화로운 형식미가 이 시를 한 단계 높은 곳으로 끌어올리고 있으면서도 자연 현상에 순응하면서도 애타게 물길을 찾아가는 인간의 모습을 그려내고 있다.

 「상강」은 예초기를 매고 풀밭을 베는 한 사내를 그리고 있는데, 이 시에도 서사의 방식을 독특하게 형상화하고 있다. 단정한 연 구분이 이 사내의 단정한 삶과 이어지고 있다. 제초제를 뿌리지 않고, 풀을 베다가 꿩이 낳은 알을 보고, 산짐승이 낮잠을 잔 풀 섶을 보고, 이름을 알 수 없는 앙증맞은 꽃들의 웃음을 보고 풀베기를 멈추고 돌아섰다고 하는 사내다. 이 사내가 어떤 사내인지는 모르겠지만 이 시는 순정한 사내의 모습을 잘 형상화하고 있다. 그 사내에 대한 이야기를 서술하는 형식이 맛깔스러우면서 단정하다. 이 형식미는 상강(霜降)이라는 절기와 맞아떨어지고 있다. 그녀의 시적 변화가 내용과 형식의 조화로 나아가고 있다는 것을 잘 보여주고 있다.

「이런 사랑」도 시적 변화를 잘 보여주고 있다. 대화법은 부(賦)의 형식인데, 한문 장르의 하나인 부를 끌어와서 간절한 사랑을 형상화하고 있다. 이 시의 중심 화자는 늙은 지아비이다. 늙은 지아비가 부르는 가없는 탄주 소리가 더욱 애절하게 다가오는 까닭은 남성 화자이면서 나이가 들어서 아내와 사별했다는 것 때문이다. 서체를 달리하면서 대화를 하는 방식도 시적 형식의 확장이라고 말할 수 있을 것 같다.

5. 시의 확장
―결론과 더불어

오미옥의 시를 읽으면서 우리는 시가 생명을 가진 것이라는 사실을 깨달을 수 있을 것이다. 그녀의 시는 모성의 감성을 바탕으로 끝없이 출렁대고 있다. 그녀의 시가 가족의 이야기로부터 사회에 관한 이야기로 옮겨가면서 새로운 시적 변화의 길을 찾아가고 있다. 그 변화는 시적 확장이라고 할 수 있다. 변화는 근본 바탕의 변화를 의미하는 것이 아니라, 출렁대는 생명으로 변화하는 것을 의미한다. 그녀의 시가 새로운 가능성으로 나아가고 있다고 감히 말할 수 있는 근거는 이 변화의 의미에 있다. 변한다는 것은 통한다는 것을 말한다. 막히면 변하게 되고, 변하면 통하게 되는 것이 자연의 이치이다. 그녀의 변화는 첫 시집을 낸 후 여순 사건의 증언록을 채록하는 과정에서 만나게 된 많은 사람들과 관련이 있는 것 같다. 그 사람들을 만나면서 그들의 삶에 공감하게 되었을 터이고, 그 사람들의 한을 안으로 받아들이면서 삶의 근원적인 문제를 고민했을 터이다. 그 고민이 그녀의 시가 가족의 이야기에서 사회적 이야기로 나아가게 되는 계기가 되었을 것이다.

그런데 문제는 그녀의 시가 그저 가족의 이야기에서 사회적 이야기로 자리를 옮겼다는 데 있는 것이 아니다. 그 자리의 변화가 시적 변화와 확장으로 이어지고 있다는 것이다. 가족 서사에서 사회적 서사로의 변화는 작은 역사에서 큰 역사로 나아가는 것이고, 그것은 인식의 변화를 의미한다. 가족의 이야기에만 머무를 때는 그 이야기가 개인의 한과 슬픔으로 끝날 수 있지만, 그것이 사회적 이야기로 나아가서 공통의 문제로 떠오를 때는 역사 속의 개인의 문제라는 인식의 변화로 나아가게 된다. 결국 개인의 문제는 단순한 개인의 문제가 아니라. 그 문제의 궁극에는 사회와 국가, 그리고 역사까지 관련이 있다는 것이다. 그녀는 이번 시집을 통해서 여순 사건의 역사가 개인의 문제에 머무는 것이 아니라, 사회적 문제, 나아가서는 국가의 문제라는 사실을 말하고 있다. 이는 내용에 있어서의 변화이다.

시적 형식에 있어서의 변화는 사설조의 형식이다. 사설조는 말이 길어진다는 것도 있지만, 그 내면에는 구구절절한 사연을 전달하려는 시적 장치가 가로놓여 있다는 것도 있다. 하고 싶은 말이 많으면 말이 길어지게 되고, 그것은 압축과 긴장을 특징으로 하는 시로 담아내기 힘든 한계가 있다. 그러나 사설 형식으로 시의 문장이 길어지면 하고 싶은 말들을 더 많이 표현할 수가 있다. 또한 사설은 그 내면에 시대에 대한 풍자와 해학이 담겨 있다. 마음속의 한을 풀어내는 장치는 말을 많이 하는 것이다. 사연을 다 말하고 나면 속에 얽혀 있던 모든 실타래가 한꺼번에 풀리게 된다. 그녀의 시는 형식의 변화를 통해서 새로운 시적 가능성을 열어가고 있다.

봄이 흐른다
당신이 앉은 둘레를 가만가만 돌며
스며드는 어떤 웃음 같은

연둣빛 버들잎을
톡, 톡 두드리고 가는 음색들

오랫동안 바이러스에 갇힌 우울
이내 환해져 오는

당신과 나의 어긋난 문장들이
이내 푸르러지는

그래, 내일이면 산벚꽃 환해지겠다
— 「봄비」 전문

　이 시는 그녀의 시적 변화와 확장이 어떤 가능성으로 나아가고 있는지를 상징적으로 보여주고 있다. 그녀가 만난 사람들은 억울한 한이 쌓여 있지만 언젠가는 그 한을 풀어내는 날이 올 것이라는 희망의 메시지를 던지고 있다. 그 열린 가능성이 그녀의 시가 안고 있는 풍요로움이다. 오랫동안 바이러스에 감염된 사회를 살았던 사람들도 희망의 불씨를 안고 산벚꽃처럼 환해지는 날을 맞이할 수 있을 것이다. 그날은 곧 올 것이다. 시 「작은 연두」에서도 낭떠러지와 같은 길을 사는 삶이지만 그 속에서 봄이 오듯이 언젠가는 희망이 있을 것이라는 메시지를 전하고 있다. "다시, 봄이 피어오른다/ 연두, 그 작은 연두가/ 꼼지락꼼지락/ 외로움에 빠진 세상을 향해 손을 내민다"고 생각한다. 그 희망의 메시지가 그녀의 시적 지향점이다.